AF401507

CONFERENCE

DES

ORDONNANCES

NOUVELLES

SUR

LES DONATIONS

TESTAMENS ET SUBSTITUTIONS.

PREMIERE PARTIE.

DES DONATIONS ENTRE-VIFS.

CONFERENCE
DE
L'ORDONNANCE
CONCERNANT
LES DONATIONS,
AVEC
LE DROIT ROMAIN,
LES ANCIENNES ORDONNANCES,
LA JURISPRUDENCE DES PARLEMENS,
ET LE SENTIMENT DES AUTEURS;

Suivie d'Obſervations ſur l'Eſprit & la Lettre de chaque Article, & de Renvois aux déciſions de Ricard, auſquelles les Ordonnances apportent quelque changement.

Par *M. DAMOURS*, *Avocat au Conſeil.*

A PARIS.

Chez Cl. J. B. Bauche Fils, Libraire Quai des Auguſtins, à l'Image Sainte Geneviéve.

M. DCC. LIII.

Avec Approbation & Privilége du Roi.

AVERTISSEMENT
DU LIBRAIRE.

CET Ouvrage étoit depuis plus d'un an entre les mains du Cen-seur, en l'état que nous l'offrons au Pu-blic, lorsque le Livre intitulé, *l'Esprit des Ordonnances sur les Donations & Testamens,* a paru.*Nous avons d'abord été sur le point de ne pas l'imprimer; les principes de ces matieres sont assez généralement connus pour ne pas en-core augmenter le nombre des Livres qui en ont traité : ensorte que si cette Conférence n'avoit contenu, ainsi que le Livre dont nous venons de parler , qu'un Recueil des autorités qui peu-vent avoir rapport à chaque Article des Ordonnances, l'on se seroit bien gardé de le publier : Tout le monde est

____

* L'on y a seulement ajouté pendant l'impression quelques notes sur *l'Esprit des Ordonnances.*

en état , avec des Livres de faire cette
opération ; elle a même déja été faite
depuis les Nouvelles Ordonnances par
deux Avocats au Parlement de Toulouse. *

Mais cette Conférence renferme ,
outre cet avantage , une difcuffion
critique non-feulement des Auteurs
qui ont écrit avant les Ordonnances ;
mais encore de ceux qui les ont com-
mentées : elle différe d'ailleurs des autres Ouvrages qui ont paru fur cette
matiere, par le plan , par l'exécution
& par fon objet principal ; l'on a donc
crû devoir la mettre au jour.

Nous fommes même inftruits que
ce que l'Auteur a fait fur l'Ordonnance
des Donations & des Teftamens n'eft
pour ainfi dire qu'un effai de l'Ouvrage qu'il projettoit fur les fubftitutions. L'on fçait qu'il n'eft guéres de
matiere plus difficile dans la Jurifpru-

---

* Meffieurs Furgole & Boutaric.

dence, & qu'il n'en est point où nous ayons, du moins en notre langue, si peu de bons Traités. Ainsi ce seroit rendre un service au Public de fondre dans un même système d'Ouvrage tout ce qu'ont dit d'important sur cette matiere plusieurs bons Auteurs latins, de composer ce Traité dans l'Esprit de la Nouvelle Ordonnance, de ramener à ses dispositions, autant qu'il seroit possible, tous les principes des substitutions, & de faire sentir l'utilité, la nécessité & la sagesse de cette Loi, en montrant, comme on a tâché de le faire à l'égard des Donations, combien de difficultés elle a levées, & le grand nombre des inconvéniens qu'elle a prévenus : Mais comme depuis l'impression de cet Ouvrage, il vient de paroître encore un nouveau Commentaire sur les Ordonnances des Testamens & Substitutions, il a renoncé à tout projet d'ouvrage sur ces matieres.

A l'égard des renvois aux décisions de Ricard que l'on trouvera à la fin de ce Volume, cette Addition pourra d'abord paroître d'une médiocre utilité : Cependant ce travail, quoiqu'il ait peu couté à celui qui a fait la Conférence, pourroit être fort long pour ceux qui n'ont pas fait une étude particuliere de cette matiere, & nous avons cru, en le donnant, épargner bien des recherches à ceux qui voudront y avoir recours.

CONFERENCE

CONFERENCE

DE
L'ORDONNANCE
CONCERNANT
LES DONATIONS.

ORDONNANCE

POUR FIXER LA JURISPRUDENCE Sur la Nature, la Forme, les Charges ou les Conditions des Donations.

LOUIS PAR LA GRACE DE DIEU, Roi de France & de Navarre : A tous présens & à venir, Salut. La Justice devroit être aussi uniforme dans ses jugemens, que la Loi est une dans sa disposition, &

A

ne pas dépendre de la différence des tems & des lieux, comme elle fait gloire d'ignorer celle des personnes. Tel a été l'esprit de tous les Législateurs, & il n'est point de loi qui ne renferme le vœu de la perpétuité & de l'uniformité : leur principal objet est de prévenir les Procès, encore plus que de les terminer, & la route la plus sûre pour y parvenir est de faire regner une telle conformité dans les décisions, que si les Plaideurs ne sont pas assez sages pour être leurs premiers Juges, ils sachent au moins que dans tous les Tribunaux ils trouveront une justice toûjours semblable à elle-même par l'observation constante des mêmes regles : mais comme les Loix & les jugemens devoient éprouver ce caractère d'incertitude & d'instabilité qui est presque inséparable de tous les ouvrages humains, il arrive quelquefois que, soit par un défaut d'expression, soit par les différentes manières d'envisager les mêmes objets, la variété des jugemens forme d'une seule loi comme autant de Loix différentes, dont la diversité, & souvent l'opposition contraires à l'honneur de la Justice, le font encore plus au bien public. De-là naît en effet cette multitude de conflits de Jurisdiction, qui ne sont formés par un plaideur trop habile, que pour éviter, par le changement des Juges, la Jurisprudence qui lui est contraire, & s'assurer celle qui lui est favorable ; ensorte que le fonds même de la contestation se trouve décidé par le seul jugement qui regle la compétence du Tribunal. Notre amour pour la Justice, dont nous regardons l'administration comme le premier devoir de la Royauté, & le désir que nous avons de la faire respecter également dans tous nos Etats, ne nous permettent pas de tolérer plus long-tems une diversité de Jurisprudence qui produit de si grands inconveniens. Nous aurions pû la faire cesser avec plus d'éclat & de satisfaction pour nous, si nous

avions differé de faire publier le corps
des Loix qui feront faites dans cette
vûe, jufqu'à ce que toutes les parties
d'un projet fi important euffent été
également achevées; mais l'utilité que
l'on doit attendre de la perfection de
cet ouvrage, ne pouvant être auffi
prompte que nous le défirerions, notre affection pour nos peuples, dont
nous préfererons toujours l'intérêt à
toute autre confidération, nous a déterminé à leur procurer l'avantage préfent de profiter au moins en partie,
d'un travail dont nous nous hâterons
de leur faire bientôt recueillir tout le
fruit, & nous leur en donnons comme les prémices, par la décifion des
queftions qui regardent la Nature, la
Forme & les Charges, ou les Conditions effentielles des Donations; matière qui, foit par fa fimplicité, foit
par le peu d'oppofition qui s'y trouve
entre les principes du Droit Romain,
& ceux du Droit François, nous a
paru la plus propre à fournir le pre-

mier exemple de l'exécution du plan
que nous nous sommes proposé.
Avant que d'y établir des regles inva-
riables, nous avons jugé à propos de
nous faire informer exactement par les
principaux Magistrats de nos Parlemens & de nos Conseils supérieurs,
des différentes Jurisprudences qui s'y
observent, & nous avons eu la satisfaction de voir dans l'exposition des
moyens propres à les concilier, que
ces Magistrats uniquement occupés du
bien de la Justice, nous ont proposés
souvent de préferer la Jurisprudence
la plus simple, & par-là même la plus
utile à celle que le préjugé de la naif-
sance, & une ancienne habitude pouvoient leur rendre plus respectable;
ou, s'il y a eu de la diversité de sentimens sur quelques points, elle n'a
servi par le compte qui nous en a été
rendu dans notre Conseil, qu'à dé-
velopper encore plus les véritables
principes que nous devons suivre,
pour rétablir successivement dans les

différentes matières de Jurisprudence
où l'on observe les mêmes Loix, cette
uniformité parfaite qui n'est pas moins
honorable au Légiflateur, qu'avantageufe à fes Sujets. A CES CAUSES, &
autres à ce nous mouvant, de l'avis de
notre Confeil, de notre certaine fcien-
ce, pleine puiffance & autorité Royale,
nous avons dit, déclaré & ordonné,
difons, déclarons, ordonnons & nous
plaît ce qui fuit.

ARTICLE PREMIER.

Les Donations doivent être passées
devant Notaires.

1. *LE Droit Romain admettoit les Dona-*
tions faites par lettres & même sans écrit.

2. *Les Ordonnances antérieures à la présente*
vouloient qu'il fût passé des Actes pour les
conventions au-dessus de 100 liv.

3. *Celle de 1535. vouloit que les Actes fussent*
passés devant Notaires, lorsqu'il s'agissoit
de biens-fonds, à peine de nullité.

4. *Elle n'a point été suivie dans l'usage.*

5. *Défenses à toutes personnes de recevoir des*
Actes si elles n'ont pas droit d'instrumenter.

6. *Les Sécretaires d'Etat ont droit de rece-*
voir les Contrats de Mariage des Princes
& Princesses.

7. *Le Parlement de Paris admettoit les Dona-*
tions sous-seing-privé.

8. *Celui de Toulouse suivoit la même Juris-*
prudence.

9. *Ricard vouloit que les Donations fussent*
passées devant Notaires.

10. *Duplessis agite la question sans la décider.*

Tous Actes portans donation entre-
vifs, feront paffés pardevant Notaires, & il en reftera minutte, à
peine de nullité.

DROIT ROMAIN.

LES Loix Romaines n'étoient pas, à
beaucoup près, fi rigides que notre
article fur l'autenticité des Actes portant
donations faites par lettres, *fi quid per epifto-
lam donatum tibi probetur*, dit la Loi 13.
*cod. de donationibus, brevitas chartulæ dona-
tioni, hæc rectæ facta probetur nihil quidquam
derogat.* L'indulgence étoit portée fi loin
à cet égard qu'on pouvoit faire des Donations à des inconnus, & que quand elles
avoient été faites fans écrit, on pouvoit en
faire la preuve par d'autres Actes. *In extra-
neos & fæpe ignotos donationem collatam valere
receptum eft, & fi fine fcripto donatum quid
fuerit, adhibitis aliis idoneis documentis hoc
quod geritur, comprobatur.* l. 29. cod. de
Donationibus.

ORDONNANCES.

LES anciennes Ordonnances du Royaume, bien différentes en cela du Droit Romain, avoient non seulement abrogé toute autre preuve que celle contenue aux Actes par écrit & prescrit la nécessité de passer des Actes des conventions excédantes cent livres ; mais encore elles avoient ordonné en général que quand les Actes concerneroient des biens fonds, ils seroient passés devant Notaires, à peine de nullité. C'est la disposition de l'article 5. du chapitre 19. de l'Ordonnance de François I. donnée en 1535. » Nous avons déclaré & » déclarons tous traités concernant héri- » tages, rentes ou réalités, qui doresnavant, » ne seront reçus par Notaires, nuls & » de nulle valeur en ce qui concernera lesdits » héritages, rentes ou réalités.

Cet Article est même conçu en plus forts termes que celui de la nouvelle Ordonnance, en ce qu'il semble, par ces mots de *nos Notaires*, interdire à tous autres Notaires que les Royaux de passer de pareils Actes ; mais, dans l'usage il n'a été suivi ni dans sa disposition expresse, ni dans celle qu'on en pourroit induire en faveur des Notaires Royaux.

L'Article 4. de la Déclaration du Roi du vingt Mars mil sept cent huit, défend à tous Curés, Ecclésiastiques & autres qui n'ont pas droit d'instrumenter comme Notaires de recevoir des Actes. » Défendons, » (porte cet article,) à tous Curés, Ecclésiasti- » ques & autres qui n'ont pas droit d'instru- » menter comme Notaires de recevoir au- » cuns Actes, de quelque nature qu'ils » soient, sinon les Testamens, en maniere » accoutumée, &c.

Suivant cet Article, il n'est pas douteux que, si quelqu'autre personne qu'un Notaire passoit une donation, elle seroit absolument nulle, à moins que cette personne n'eût droit par sa Charge ou par une Commission du Sceau d'instrumenter comme les Notaires. Tels sont les Sécretaires d'Etat qui sont en possession de recevoir les Contrats de mariage des Princes & Princesses. Les Notaires ayant voulu élever quelque doute sur la validité des Actes par rapport à l'hypotéque & à d'autres considérations, le Roi rendit le 21 Avril 1692. une Déclaration par laquelle il est dit » que les Contrats de ma- » riages passés en présence de Sa Majesté » par les Sécretaires d'Etat seront exécu- » tés, qu'ils porteront hypotéque du jour » de leur date : & qu'ils auront en toute » chose la même force & vertu que s'ils » avoient été reçus par des Notaires.

Ainsi, dans le cas où les Contrats de cette qualité contiendroient une donation,

il ne faut pas douter qu'elle ne fût valable,
quoiqu'elle n'eût pas été reçue par des Notaires aux termes de notre Article.

JURISPRUDENCE

DES PARLEMENS.

AVant l'Ordonnance on jugeoit au
Parlement de Paris , qu'une Dona-
tion faite par lettre miſſive étoit valable,
Arrêt du 5 Mai 1626. Journ. des Aud.

Ferriere à l'endroit cité , rapporte un
Arrêt qu'il prétend contraire à celui-ci, &
qu'il dit avoir jugée invalide une Donation
d'une pareille eſpéce; mais ce qui fait douter
que la raiſon que cet Acte étoit ſous-ſeing-
privé ait déterminé les Juges , c'eſt que
l'Acte en queſtion n'étoit pas de l'écriture
du Donateur ; circonſtance qui a ſans doute
beaucoup influé ſur le jugement. Tous les
Auteurs qui ont écrit ſur cette matiere ont
ſenti la néceſſité d'une loi qui fixa ces
doutes.

Brillon au mot Donation. N. 85. rapporte un Arrêt qui a jugé qu'une donation
par billet eſt bonne ſi la donation a été acceptée devant Notaire, ſi l'Acte de Donation
a été inſeré dans l'acceptation , & s'il y a
donation de droit ou de fait : ces trois circonſtances n'empêcheroient pas aujourd'hui
la nullité de l'Acte.

On jugeoit au Parlement que les Donations d'effets mobiliers pouvoient se faire sans écrit. Ricard dans son Traité des Donations en rapporte deux Arrêts, no. 892. & 893. part. premiere.

L'Annotateur du même Auteur rapporte à la fin du nombre 882. plusieurs Actes de Notoriété du Parlement de Toulouse, par lesquels on voit que la Jurisprudence de cette Cour étoit d'admettre les Donations sous signature privée.

SENTIMENS DES AUTEURS.

9. Ricard, partie premiere, no. 881. & suivans a pensé que la Donation devoit être reçue pardevant Notaire, & qu'il en devoit rester minute. Ferriere sur la Coutume de Paris a pensé la même chose, mais cet Auteur ainsi que Ricard, no. 889. veut qu'une Donation sous signature privée puisse engager le Donateur quand le Donataire a dirigé son action contre lui pendant sa vie, & qu'elle ne peut être opposée aux héritiers du Donateur, ni à ses Créanciers, à cause de la présomption de fraude.

L'opinion que la Donation sous seing privé pouvoit valoir contre le Donateur, a conduit Ferriere à croire d'après Ricard qu'une donation reçue par un Notaire hors de son ressort seroit valable, quoique Fer-

riere reconnoiſſe que l'Ordonnance déclare nul tout Acte paſſé par un Notaire hors
de ſont reſſort.

Ainſi, ceux qui ont fait dire à Ricard
qu'il n'y avoit point d'Ordonnance qui
aſſujettit à paſſer les Donations pardevant
Notaires n'ont pas été exacts ; car outre
qu'il ne le dit point, c'eſt que quand il
l'auroit dit il ſe ſeroit trompé.

Ricard, n°. 888, cite l'exemple d'un
Arrêt qui aconfirmé une Donation paſſée par
un Notaire hors du diſtrict où il avoit droit
d'inſtrumenter ; mais cet Arrêt ne prouve
rien. Les Notaires ſont des perſonnes pri-
vées hors de leur Reſſort : & ſuivant notre
Ordonnance ils ne pourroient valablement
recevoir une Donation.

10. Dupleſſis, ſur la Coutume de Paris à
agité la queſtion de ſçavoir ſi la Donation
ſous ſeing privé étoit valable ; il a rapporté
des raiſons pour & contre ſans la décider.

OBSERVATIONS.

11. L'embarras des Auteurs, l'incertitude de leurs déciſions, & la diverſité
des Arrêts ſur la forme dans laquelle devoit
être fait l'acte de Donation, prouve combien il étoit néceſſaire de donner une regle
certaine ſur cette matiere.

12. L'article que nous conferons contient

deux dispositions importantes ; la premiere ,
que tous Actes portans donation entre-vifs
seront passés devant Notaires ; la seconde ,
qu'il en restera minutte , le tout à peine de
nullité.

13. Le principal motif de cette Loi a été
l'irrévocabilité des Donations : cette qualité fait leur caractère essentiel : & comme
elles sont un des Actes les plus importans
de la société , le Législateur ne pouvoit prendre trop soin d'en rendre l'existence certaine , la solemnité parfaite & l'exécution
infailliblé.

14. En admettant les Donations sou-
signature privée comme on le faisoit autres
fois , c'étoit ouvrir la porte à toutes les fraudes que la cupidité peut suggérer. L'acte
sous seing privé n'ayant point de date certaine il ne restoit que le moyen de l'insinuation pour donner à la Donation une époque
sûre , vis-à-vis les héritiers ou les Créanciers du Donateur , & l'insinuation elle-
même n'empêchoit pas que le Donateur ou
le Donataire ne pussent supprimer ou changer l'original de la Donation ; au moyen
de quoi rien n'étoit moins assuré que l'Acte
qui par sa nature & par son importance mé-
ritoit de l'être d'avantage.

Le désir d'éviter tous ces inconvéniens a
encore déterminé le législateur à ordonner
qu'il resteroit minutte de la Donation. S'il

n'avoit pas pris cette précaution : le Donataire ou le Donateur ou tous les deux de concert auroient pû encore supprimer le titre primordial & constitutif de la Donation : & le mal alors auroit été sans remede, puisque l'insinuation ou tel autre Acte énonciatif que ce fût, n'auroit pû faire une preuve suffisante de la Donation. Il n'y avoit donc pas d'autres moyens de rendre cet Acte certain & immuable que de prescrire les deux formalités que contient notre article, & on ne pouvoit les prescrire avec fruit qu'en prononçant peine de nullité.

15. Au reste on ne sçauroit douter que l'article ne comprenne dans sa disposition même les Donations d'Effets mobiliers ou d'argent comptant, lorsqu'il n'y a point de tradition actuelle & réelle, puisqu'il parle généralement & sans exception de *tous* actes portans donation entre-vifs.

16. Les Dispositionsde notre texte sont si claires & si précises qu'on n'auroit pas dû craindre que personne pût se méprendre au sens qu'elles doivent avoir ; cependant l'Auteur des observations sur l'Ordonnance que nous conférons, célébre Avocat du Parlement de Toulouse, connu par plusieurs ouvrages qu'il a donnés sur la matiere des Donations & des Testamens, paroît n'avoir pas saisi dans son observation sur cet article le vrai sens de la Loi : Il prétend que le

Législateur

Légiſlateur ne diſant pas préciſément au pouvoir de qui la minute de la Donation doit reſter, a donné lieu de douter ſi la Donation ſeroit nulle dans le cas où le Notaire, après en avoir délivré une groſſe, ou une expédition au Donataire, délivroit la minute au Donateur, & il décide que dans ce cas la Donation ſeroit valable.

17. Nous croyons que cette déciſion eſt en même tems contraire à la lettre & à l'eſprit de lOrdonnance.

A la lettre parce qu'il eſt clair que l'article, en diſant qu'il ſera paſſé acte pardevant Notaires ; & qu'il en reſtera minute à peine de nullité, a ſuffiſamment décidé par-là que la minute reſteroit au Notaire ; & jamais dans l'uſage, quand on dit qu'il a été paſſé un acte devant Notaires, & qu'il en a reſté minute, on n'a douté que la minute ne fût reſtée au Notaire.

Lorſque le Légiſlateur veut qu'il reſte minute de la Donation, ſon intention n'eſt point équivoque. Son objet eſt d'aſſurer par-là d'une façon inébranlable l'exiſtence de la Donation, non-ſeulement à l'égard des tiers qui peuvent y être intéreſſés, mais encore relativement au Donateur & au Donataire : enforte qu'il ne dépende ni de l'un ni de l'autre, que l'Acte ſoit ou ne ſoit pas executé, & cette irrévocabilité eſt en effet

ce qui conſtitue l'eſſence même de la Donation. *Hæc propriè donatio appellatur cum
dat aliquis ut ſtatim velit accipientis fieri,
nec ullo caſu ad ſe reverti*, l. 1. c. *de Donationibus*.

Or, le contraire arriveroit ſi l'on
ſuivoit le ſentiment que nous combattons :
il ne tiendroit qu'au Donateur de ſupprimer
la minute qui lui auroit été remiſe, & de
conteſter la vérité de l'expédition ; le Donataire de ſon côté ſeroit le maître pour
fruſtrer ſes Créanciers de ſupprimer l'expédition, qui lui auroit été délivrée. Dès auparavant l'Ordonnance, on regardoit une
Donation comme nulle, lorſque le Donateur en avoit retenu la minutte ; on étoit ſi
convaincu dès-lors que la minute pouvoit
ſeule faire une preuve juridique de la Donation qu'on appliquoit à cette eſpece la regle
de *donner & retirer ne vaut* : que ne doit-on
donc pas dire aujourd'hui que nous avons
une Loi préciſe.

18. Le Conſeil a même préjugé la queſtion en admettant en 1748. la demande en
caſſation, formée par le ſieur Grenet, contre un Arrêt du Parlement de Flandre qui
avoit confirmé des Donations conſidérables
contenues dans un contrat de mariage paſſé
pardevant Notaires dont l'Original avoit été
remis aux Parties ſans que les Notaires en

euſſent gardé minute ; ce qu'on diſoit être d'uſage dans ce pays-là ; le Donataire s'eſt depuis accommodé avec ceux qui atta-quoient les Donations.

Il faut cependant ajouter que , ſi le No-taire , ſans l'aveu du Donataire , remettoit au Donateur la minute de la donation , comme le Donataire ne peut pas empêcher un pareil concert de fraude , il eſt certain qu'il auroit ſon recours contre le Notaire.

19. L'Auteur des Obſervations dans celle qu'il a faite ſur le même article agite la queſtion de ſçavoir ſi les Donations taci-tes ſont abrogées par notre texte , & il dé-cide pour la négative.

20. Nous croyons cependant qu'il faut tenir l'affirmative , & cela pour une raiſon *à fortiori* ; en effet ſi notre article abroge même les Donations expreſſes & contenues dans des écrits faits ſous ſignature privée , n'abroge-t-il pas , à plus forte raiſon , les Donations tacites & conjecturales , en cas qu'il y en ait de pareilles ? car on ne peut en-tendre par ces Donations tacites & conjec-turales que celles qui procédent du bénéfice de la Loi , ou celles qu'on peut induire des actions du Donateur.

21. Les Donations qui ſont l'ouvrage de la Loi ne doivent point être appellées tacites , mais légales , ou plùtôt ce ne ſont point des

Donations : en effet, qu'eſt-ce qu'une Donation ? *Donari videtur quod nullo cogente conceditur.*

L'Auteur que nous combattons, met au nombre des Donations tacites, les alimens, la légitime, &c. Or, les alimens ni la légitime ne ſont des avantages qui dépendent de la pure libéralité de l'homme. *Quod nullo cogente conceditur :* puiſque ceux qui en peuvent profiter ont une action pour contraindre celui qui les doit: Il ne faut donc pas les mettre au rang des Donations, & il eſt bien certain que notre article ne les a point pour objet. Ainſi l'on ne peut entendre par les Donations tacites & conjecturales que celles qui ſe peuvent préſumer des actions du Donateur, vis-à-vis du Donataire.

En premier lieu, de pareilles Donations ſont inconnues dans la Juriſprudence, & l'exemple que Ricard en rapporte, & que nous allons diſcuter, ne ſeroit pas ſuivi de nos jours ; mais ſuppoſons pour un moment que ces donations ſoient reçues ; il n'eſt pas douteux qu'on ne pourra les tirer que des faits ou des conventions. D'un côté la preuve par témoins eſt défendue, quand il s'agit d'un objet dont la valeur excéde 100 liv. & il faut indiſpenſablement qu'il y ait un acte par écrit ; ſans quoi les conventions & par conféquent les Donations font en Juftice regardées comme fi elles n'avoient jamais exifté.

D'un autre côté, fi l'on veut induire une donation d'un autre acte, ou d'autres conventions que le Donateur & le Donataire auront pû paffer enfemble; il faut faire attention que ces actes ne pourront prouver la donation, s'ils ne font pas revêtus de toutes les formalités preferites pour les donations entre-vifs; Or, comment trouver un acte qui, n'ayant point eu une donation pour objet déterminant, fe trouve comme par hazard revêtu des formalités néceffaires à la validité des donations ; & encore, fi on en trouvoit un de cette qualité, faùdroit-il dire que ce ne feroit plus une donation conjecturale ou tacite, & que, quand la Jurifprudence les autoriferoit, elles ne feroient pas exemptes de la rigueur de notre article.

22. Cependant, pour foutenir les donations de cette efpece, l'Auteur des Obfervations cite Ricard, *Part. I*. *n*º. 326. & 327. où ce Jurifconfulte dit que la fimple deftination du Donateur fuffit pour opérer une donation tacite. Mais l'Auteur moderne a fait une Loi générale, d'une regle qui eft particuliére dans l'efpece où Ricard la propofe. Car à l'endroit cité, cet Auteur dit

que par rapport aux *Teftamens* & aux donations des *Bénéficiers*, on fupplée au défaut
de clarté dans leurs intentions, lorfqu'ils
paroiffent avoir voulu difpofer en faveur de
leur l'Eglife ; parce qu'on fuppofe alors, que
n'ayant peut être pas rempli pendant leur
vie l'obligation où ils étoient d'employer
en œuvres pies l'excedent de leurs revenus,
ils ont eu intention de le faire après leur
mort : mais ce que dit Ricard dans cette
efpéce particuliere ne peut jamais autorifer
à conclure en général, comme l'a fait l'Auteur des Obfervations, que la deftination
fuppofe la Donation.

23. On pourroit cependant citer pour
exemple de Donation tacite & conjecturale
les Contrats qu'on appelle *Pollicitations* ; ce
font des engagemens qui fe contractent fans
écrit, ou par toute forte d'Ecrit & qui ré-
fultent du fait de celui qui a eu le deffein
de faire quelque chofe utile au public, &
qui a commencé à exécuter fon deffein. On
oblige en conféquence fes héritiers à l'ache-
ver ; ainfi le célébre Amiot, Evêque d'Au-
xerre ayant voulu faire bâtir un Collége, &
s'étant trouvé après fa mort un marbre où il
avoit fait graver l'infcription qui devoit être
fur la porte du Collége, fes héritiers furent
condamnés à le bâtir. Ainfi un Négociant *

* Caufes Célébres.

ayant écrit sur son Journal qu'il avoit fait une Société avec Dieu pour faire part aux pauvres des gains qu'il feroit dans son Commerce, ayant exécuté ce dessein, & mis dans son testament qu'il vouloit qu'il fût suivi, ses héritiers furent condamnés à payer aux pauvres une somme que les Juges fixerent.

On pourroit prétendre que l'Ordonnance n'a rien changé à cet égard en regardant les Pollicitations comme un genre particulier de Contrat : mais elles ne font pas moins de vraies Donations entre-vifs, sujettes aux mêmes formalités que les autres, depuis que par l'Ordonnance des Donations, & par celle des Testamens l'exception de la cause pie a été rejettée.

Le même Auteur paroît encore s'écarter des principes, lorsqu'il dit que dans le cas où quelqu'un achete ou prête au nom d'autrui. Cela suffit pour décider que la Donation de la chose prêtée ou achetée est présumée & suffisamment établie. Dans cette espéce il n'y a pas l'ombre de Donation. On achete & l'on prête tous les jours sous le nom d'un autre par des raisons particulieres, sans avoir intention de lui rien donner : & dans quel désordre, d'ailleurs ce sentiment ne nous jetteroit-il pas ? jufqu'où pourroit-on les étendre, ces Donations conjecturales ? Quelle borne leur prefcrire ? Rien, en un mot , ne feroit plus contraire au but que s'eft propofé le Légiflateur dans cette Ordonnance. Il nous annonce lui-même dans fon préambule que fon intention eft de lever toutes les difficultés qui , jufqu'alors avoient embaraffé la matiere , & les Donations conjecturale & tacites en feroient renaître une infinité.

ARTICLE DEUXIE'ME.

Les Donations feront paſſées dans la forme ordinaire des autres Actes.

1. CHez les Romains on pouvoit faire les Donations autrement que devant les Notaires.
2. Les Donations outre les formalités qui leur font propres doivent être revêtues de celles néceſſaires aux autres Contrats.
3. Des Témoins & de leur ſignature.
4. De la mention de leurs demeures.
5. Les minutes doivent être ſignées par les Notaires.
6. Ils doivent les lire aux Parties.
7. Mention doit être faite de la ſignature des Parties & des Témoins, ou de leur refus de ſigner.
8. Si l'une des formalités néceſſaires, à peine de nullité aux autres Actes, manquoit à une Donation, elle l'annulleroit.
9. Différence que Ricard met entre les Teſtamens & les Donations, par rapport aux formalités.
10. Sentimens de Dupleſſis ſur la néceſſité

de paſſer la Donation dans la forme preſ-
crite par les Ordonnances.

11. *Une Donation reçue par un Notaire hors
de ſon Reſſort ne ſeroit pas valable.*

Les Donations entre-vifs ſeront faites
dans la forme ordinaire des Contrats & Actes paſſés pardevant Notaires, & en y obſervant les autres
formalités qui y ont eu lieu juſqu'à
préſent, ſuivant les différentes
Loix, Coutumes & Uſages des Pays
ſoumis à notre domination.

LOIX ROMAINES.

1. COMME il étoit permis chez les Romains de faire des Donations, *ſine
ſcriptura*, on pouvoit à plus forte raiſon en
paſſer les Actes autrement que pardevant
Notaires. Autant les Loix Romaines
avoient pris de ſoin d'aſſurer l'exécution &
l'autenticité des Teſtamens, autant avoient-
elles négligé la ſolemnité des Donations
entre-vifs ; car quand une Donation étoit
faite par écrit, on n'exigeoit la préſence, ni

la signature des témoins ; il n'étoit pas même nécessaire que le Donateur signât l'Acte,
il suffisoit que quelqu'un le signât pour lui,
*l. 31. cod. de Donationibus : In Donationibus
quæ actis insinuantur, non esse necessarium
judicamus vicinos vel alios testes adhiberi,
nam superfluum est privatum testimonium,
cum publica testimonia sufficiant, verum & illas
Donationes quas gestis non est necessarium
alligari, si forte per tabillionem vel alium
scribantur & sinè testium sub notatione valere
præcipimus ; ita tamen si ipse donator, vel
alius voluntatem ejus secundum solitam obser-
vationem subscripserit : Donationibus quæ
sine scriptis conficiuntur suam firmitatem ha-
bentibus secundum constitutionem Theodosii &
Valentiniani.*

ORDONNANCES.

2. L'ARTICLE que nous conferons, voulant qu'outre les solemnités particulieres aux Donations, les Actes qui les
contiennent soient revêtus de toutes les
formalités néceffaires aux autres Actes qui
font passés pardevant Notaires , nous nous
trouvons obligés de rapporter en substance
quelles étoient à cet égard les dispositions
des anciennes Ordonnances , afin de distinguer celles qui font inusitées, de celles qui
font essentielles aux Donations.

3. L'Article 66. de l'Ordonnance de Blois veut que les Notaires , ne reçoivent aucuns Contrats fans qu'il y ait deux témoins , & l'Article 166. de l'Ordonnance du mois de Mai 1579. dit. *Voulons qu'ès lieux , où juſqu'à préſent a été permis , qu'un ſeul Notaire , en préſence de Témoins puiſſe recevoir & paſſer Contrats , Teſtamens & autres Actes , ledit Notaire s'il eſt ès Villes ou gros Bourgs , ès quels vraiſemblablement on puiſſe avoir Témoins qui ſachent ſigner , ſoit tenu pour le moins appeller un témoin qui ſache ſigner , & lequel actuellement ſignera avec lui la minute.*

4. L'Article 67. de l'Ordonnance de Villers Cotteret , donnée au mois d'Août 1539. veut que la demeure des contractans , ſoit miſe dans les Actes : la diſpoſition de cet article a été étendu & renouvellé par l'article 167. de l'Ordonnance du mois de Mai 1579. *ſeront auſſi tenus nos Notaires,* (porte cet Art.) *mettre & déclarer par leſdits Contrats , Teſtamens & Actes , la qualité, la Paroiſſe des Parties & des Témoins y dénommés, la maiſon ou les Contrats ſeront paſſés & pareillement le tems de devant ou après midi qu'ils auront été faits.* Cependant l'on ne croit pas que l'omiſſion de l'un de ces points n'emportât la nullité d'une Donation.

L'Article 180. *de la même Ordonnance porte:*

Défendons *très étroitement à tous Notaires de quelque Jurifdiction qu'ils foient de recevoir aucuns Contrats d'héritage, foit vendition, donation, échange, ou autres, fans que par iceux foit déclaré par experts dans quel fief ou cenfive font les chofes cédées, & à quelles charges & devoirs elles font jujettes & redevables envers les Seigneurs feodaux ou cenfuels qui feront auffi particulierement & fpécialement déclarés.* Cette Ordonnance n'eft point fuivie dans l'ufage à la rigueur, quoique l'article 180. de l'Ordonnance de 1639. eût prononcé la nullité des Contrats, dans le cas de l'article ci-deffus rapporté.

5. L'Article 174. de l'Ordonnance de de 1539. veut que les Notaires fignent leurs minutes, & qu'on déclare à la fin de l'Acte le Notaire qui l'aura reçu, c'eft-à-dire, auquel la minute fera reftée.

6. L'Article 4. du chapitre 19. de l'Ordonnance de 1535. eft conçu en ces termes. *Enjoignons à iceux Notaires qu'ils mettent & redigent pleinement & entierement par écrit les Contrats qui feront paffés devant eux & après qu'ils feront ainfi écrits qu'ils les lifent au long en la préfence des Parties, avant qu'ils les fignent, ne baillent les Lettres d'iceux Contrats.* Ces difpofitions ne font point encore fuivies à la rigueur.

7. L'Article 84. de l'Ordonnance d'Orléans porte : *Seront tenus les Notaires faire*

signer aux *Parties* & aux *Témoins* instrumen-
taires, s'ils sçavent signer, tous *Actes* & *Contrats* qu'ils recevront, & dont ils feront
mention expresse, à peine de nullité. . . &
au cas que les *Parties* ou *Témoins* ne sçau-
ront signer, les *Notaires* ou *Tabellions* feront
mention de la réquisition par eux faite aux
Parties & *Témoins* de signer & de leur répon-
se qu'ils ne sçavent signer. Ces dispositions
sont suivies, & l'omission que l'on en feroit
emporteroit la nullité des Donations comme
de tous autres Actes.

OBSERVATIONS.

8. ON ne peut pas douter que dans tous
les cas où les autres Actes reçus
pardevant Notaires seroient annullés par le
défaut des formalités prescrites par les Ordonnances que nous venons de rapporter,
les Donations entre-vifs ne fussent également
nulles, si l'omission de quelqu'une de ces
formalités s'y trouvoit, puisque par l'article
que nous conferons, elles sont assujeties
aux regles nécessaires pour faire valider les
autres Actes. Il faut même encore ajouter
à ces formalités générales d'Ordonnance,
celles que les Coutumes particulieres & les
usages locaux exigent pour les Donations
en particulier, car c'est encore une des dispositions de notre article.

9. Ricard, partie premiere, n°. 886.
& ſuivans, prétend que la matiere des Donations ne doit pas être traitée avec autant
de rigueur que celle des Teſtamens, en ce
que les Coutumes déſirent expreſſément que
les Teſtamens ſoient paſſés pardevant Notaires, & qu'elles ne preſcrivent pas même
la ſolemnité pour les Donations entre - vifs.

Il eſt cependant certain que quoique
les Loix ayent preſcrit moins de formalités
pour les Donations, l'omiſſion de ces formalités n'en emporte pas moins la nullité
& donne le droit aux héritiers & aux Créanciers de les attaquer.

10. Ces principes avoient lieu dès auparavant l'Ordonnance, c'eſt ce que nous atteſte Dupleſſis dans ſon traité des Donations
ſur la Coutume de Paris, ſection 5. » Il eſt en-
» core de la formalité de la Donation entre-
» vifs, dit cet Auteur, que le Contrat en
» doit être paſſé devant deux Notaires,
» ayant pouvoir & caractère ſur les lieux, ou
» un Notaire & deux Témoins, ſigné des
» Notaires, comme auſſi du Donateur, du
» Donataire & des Témoins, ou que pour
» ces trois derniers il y eût déclaration qu'ils
» n'ont pû ſigner, de ce interpellés, à peine
» de nullité.

11. La conſéquence qui réſultoit des
principes que Ricard avoit poſés pour éta-

blir qu'il n'étoit pas nécessaire que les Donations fussent passées devant Notaires, l'a
conduit à décider, comme nous l'avons dit
sur l'article précédent, que celle qui se trouveroit reçue par un Notaire hors de son
ressort seroit valable ; mais à présent que
nous avons une Loi positive qui exige que
tout Acte portant Donation soit passé devant Notaires, il faut tenir pour principe
certain qu'une Donation qui seroit reçue
par un Notaire hors de son ressort, seroit une Donation nulle, comme étant reçue par une personne sans caractère, & qui
ne seroit pas Notaire, mais simple particulier dans l'endroit où l'Acte auroit été passé.

ARTICLE

ARTICLE TROISIÈME.

Les Donations à cause de mort doivent être faites dans la même forme que les Testamens.

1. *D*Ans le Droit, les Donations à cause de mort ressembloient aux Testamens.
2. Différence que les Coutumes y ont mises.
3. L'Ordonnance nouvelle a changé l'usage & veut que les Donations à cause de mort, soient faites dans la forme des Testamens.
4. Il n'y a plus que deux formes de disposer à titre gratuit, la Donation entre-vifs & le Testament.
5. Le Parlement de Toulouse a cru d'abord que l'Article 3. abolissoit les Donations à cause de mort.
6. Reponse de M. le Chancelier, portant que l'Article 3. ne touchoit que la forme & non le fond des Donations à cause de mort.

C

Toutes Donations à cause de mort
à l'exception de celles qui se feront
par Contrat de Mariage ne pourront
dorefnavant avoir aucu. effet dans
les Pays même où elles sont expreffément autorifées par les Loix
ou par les Coutumes, que lorfqu'elles
auront été faites dans la même forme que les Teftamens & les Codiciles ; enforte qu'il n'y ait à l'avenir
dans nos Etats que deux formes de
difpofer de fes biens, à titre gratuit,
dont l'une fera celle des Donations
entre-vifs, & l'autre celle des Teftamens ou des Codiciles.

LOIX ROMAINES.

1. LE Droit Romain avoit affimilé les
Donations à caufe de mort, aux
legs & aux difpofitions Teftamentaires, fans

cependant leur prefcrire la même forme qu'aux Teftamens ou Codiciles , *illud generaliter meminiſſe oportebit Donationes cauſa mortis faƈtas legatis comparatas. Quæcunque igitur in legatis juris eſt , id in mortis cauſa Donationibus erit accipiendum* , lib. 37. D. de mort. cauf. Don.

Juftinien , dans fes inftitutes , a renouvellé & étendu les mêmes regles. *Hæ mortis cauſa Donationes ad exemplum legatorum redaƈtæ ſunt per omnia , nam cum prudentibus ambiguum fuerat utrum Donationis an legati inſtar eam obtinere opporteret ut utriuſque cauſæ quædam habebat inſignia , & alii ad aliud genus eam retrahebant ; à nobis conſtitutum eſt ut per omnia fere legatis connumeretur , & ſic procedat quem admodum noſtra conſtitutio confirmavit* , de Donationibus 5. hæ mortis.

DROIT COUTUMIER.

2. **Q**Uelques unes de nos Coutumes parlent de la Donation à caufe de mort, comme d'un Aƈte different des Teftamens & des Donations entre-vifs.

L'Article 339. de la Coutume d'Anjou, en parle comme étant autorifée dans le Reffort de cette Coutume , & les affimile aux Teftamens , à l'égard de la révocation.

L'Article 351. de celle du Maine, les reconnoit pour être différentes des Testamens, & comme pouvant être faites par un Acte simple.

L'Article 4. de celle de Nivernois les distingue des Donations entre-vifs & des Testamens.

L'Article 20. de celle de Ponthieu est conforme.

L'Article 170. de celle de Blois proscrit les Donations à cause de mort.

L'Article 38. du Chapitre 14. de la Coutume d'Auvergne prescrit les formalités de ces Donations.

Et celle de Paris en parle, Article 277. voir les Commentateurs sur cet art. & Ricard, *chap.* 2. *tit.* 1. du Traité des Donations.

OBSERVATIONS.

3. **A**Vant cet Article on connoissoit trois sortes d'Actes par lesquels on pouvoit disposer de ses biens à titre gratuit; les Donations entre-vifs, les Donations à cause de mort, & les Testamens ou Codiciles; à l'égard des Donations à cause de mort, la forme étoit la même que celle des Contrats entre-vifs, mais l'Article a ordonné qu'elles seroient faites à l'avenir, dans

la forme des Actes à caufe de mort, & a changé l'ufage de les faire par des Actes entre-vifs. C'eft une Loi nouvelle, dont cependant Ricard avoit démontré la néceffité il y a long-tems. En effet les difficultés qui naiffoient des différences & des reffemblances (*a*) qu'avoient ces actes avec les Donations entre-vifs, & les Teftamens étoient fans nombre. A bien examiner les Donations à caufe de mort, quoiqu'elles fuffent revêtues des principales folemnités des Donations entre-vifs, puifque l'acceptation, & autrefois l'infinuation (*b*) étoient néceffaires pour les faire valoir, & quoique la forme de l'acte fût d'ailleurs différente de celle des Teftamens, il eft aifé de découvrir qu'elles ne produifoient cependant que les principaux effets des Teftamens. Auffi Ricard, qui a parfaitement entendu ces matieres, foutient-il que les Donations à caufe de mort dans ce qu'elles ont d'ef-

---

(*a*) Don. cauf. mort. *prout in fe deducitur æqui paratur contractibus, fed pro ut in fe deducta æqui paratur ultimæ voluntati.* Chaffæn. in conf. Burg. rub. 7. de Succeff. §. 12. Don. caufa mor. *prout eft in fieri æqui paratur partim ultimæ voluntati.* Dumoulin. in lib. 2. D. de verb. oblig. N°. 25.

(*b*) L'Empereur Juftinien a exempté les Donations à caufe de mort, de l'infinuation par la Loi 4. *cod. de mort. caufâ Don.*

sentiel, ne sont point différentes des Testamens & des Ordonnances de derniere volonté , & son sentiment a été adopté par
notre article comme conforme aux vrais
principes.

4. Notre texte veut donc qu'il n'y ait plus
que deux formes de disposer de ses biens à
titre gratuit , dont l'une sera celle des Donations entre-vifs , & l'autre celle des Testamens ou des Codiciles ; ensorte que la
forme de disposer par donation à cause de
mort par un autre Acte que par les Testamens & Codiciles , se trouve abolie &
identifiée avec cette derniere forme de disposer : même avant l'Ordonnance , cette
forme de donner n'étoit presque plus d'usage en pays de Droit Ecrit.

5. Boutaric , Avocat au Parlement de
Toulouse , dans les observations qu'il a
faites sur cet article , parle d'une difficulté
qui s'étoit élevée dans ce Parlement sur
l'interprétation de notre texte, & les éclair-
cissemens qu'il donne à cet égard , serviront
encore à faciliter l'intelligence de la Loi.

Il dit que le Parlement de Toulouse a
cru d'abord que cet article abolissoit l'usage
des Donations à cause de mort ; ensorte
qu'en pays de Droit Ecrit les fils ne pou-
roient plus disposer de leurs biens adventifs.

6. Monsieur le Chancelier , sur les re-

montrances que fit ce Parlement à ce fujet
repondit que l'efprit ni les termes de l'Ordonnance, ne tendoient à rien moins qu'à
profcrire les Donations à caufe de mort en
général, ni en particulier celles faites par
les fils, du confentement de leur pere; mais
que l'Ordonnance avoit uniquement pour
objet de régler la folemnité & la forme ex-
trinfeque de l'acte; qu'ainfi en déclarant
nulles les Donations à caufe de mort, qui
n'auroient pas été faites dans la forme du
Teftament ou Codicile, l'article n'enten-
doit autre chofe, finon que pour la validité
d'une Donation à caufe de mort, il falloit
la même formalité & le même nombre de
témoins que pour un Codicile; ce qui ne
change rien à la faculté de faire ces fortes
de Donations, mais feulement à la forme.

ARTICLE QUATRIEME.

La Donation qui n'eſt pas valable en cette qualité ne peut valoir comme diſpoſition Teſtamentaire.

1. *L E Droit Romain n'admet point la converſion d'un Acte nul en un autre Acte valable.*

2. *Exception à cette regle pour les Donations d'entre mari & femme & entre parens.*

3. *Extention de cette exception aux Donations qui ont le mariage pour objet.*

4. *Incertitude de la Juriſprudence du Parlement de Paris ſur la converſion des Donations invalides en Donations à cauſe de mort.*

5. *Arrêt ſur cette queſtion.*

6. *Que l'Article 4. l'a jugée contre la converſion des Actes.*

7. *Reſtriction que deux Auteurs du Parlement de Toulouſe ont donné à cet Article.*

8. *Réfutation.*

Toute Donation entre - vifs qui ne feroit valable en cette qualité ne pourra valoir comme Donation ou difpofition à caufe de mort, ou Teftamentaire, de quelque formalité qu'elle foit revêtue.

DROIT ROMAIN.

1. PLufieurs Loix Romaines nous prouvent qu'elles n'admettroient point en général la converfion d'un Acte nul dans la forme ou dénomination que lui avoient donné les Parties, en un autre Acte; la premiere s'exprime ainfi : *Sæpiffimè fcriptum eft eum, qui Teftamentum facere opinatus eft nec voluit quafi codicillos valere, videri nec codicillos feciffe, ideoque quod in illo Teftamento fcriptum eft, licet quafi in codicillis poterit valere, tamen non debetur*, l. 1. D. de jure codicil. La deuxieme eft la Loi 19. cod. de *paêtis*, qui porte les mêmes difpofitions que la précédente.

2. Il y avoit cependant des cas particu-

liers, où le Droit Romain admettoit la conversion des Contrats entre-vifs, ou disposition à cause de mort, lorsqu'ils n'étoient pas valables dans la forme que les Parties lui avoient donnée. De ce nombre étoient les Donations entre-vifs, faites entre maris & femmes, ou autres personnes, pour lesquelles un mariage subsistant étoit un obstacle à de pareilles libéralités, & les Donations des peres à leurs enfans étant en leur puissance.

Par rapport aux Donations entre maris & femmes, la Loi 32. 5. *ait oratio* D. *de Donationibus inter vir & uxor* ; porte, *ait oratio fas esse, eum qui donavit pœnitere, hæredem vero eripere forsitan adversus voluntatem supremam ejus qui donavit rarum & amarum esse.*

A l'égard de toutes les autres Donations comprises dans l'exception, la Loi *Donationes*, D. s'exprime ainsi. *Donationes quas parentes in liberos cujus cumque sexus in potestate sua constitutos conferunt, vel uxor in suum maritum vel maritus in suam uxorem, vel alteruter eorum in aliam personam cui constante matrimonio donare non licet, vel aliæ personæ in eum cui donare non poterant ita firmas esse per silentium Donatoris vel Donatricis sancimus.*

On pourroit peut-être croire que par ces

mots *vel aliæ perfonæ*, la Loi a voulu éten-dre le privilége de la converfion, indiftinc-tement à toutes les Donations entre-vifs qui ne pourroient valoir en cette qualité ; mais tous les interprêtes ont décidé que ces mots ne fe rapportent qu'à ceux de, *conftante matrimonio*, qui les précédent, & cette in-terprétation eft confirmée par la Loi géné-nérale, *de jure codicil.* que nous venons de citer.

3. Il ne faut cependant pas reftreindre cette converfion des Donations aux feules qui fe font entre maris & femmes, & par les peres à leurs enfans, étant à leur puif-fance ; car l'Empereur Severe a étendu ce privilége à d'autres Donations ; mais qui ont toujours le mariage pour raifon de pro-hibition.

Ce font celles exprimées dans la Loi 32. 5. oratio D. *oratio non folum virum & uxorem complectitur ; fed etiam cœteris qui propter matrimonium donare prohibentur ; ut puta donat focer nurui, vel contra focer con-focero qui copulatos matrimonio in poteftate habet.*

Dumoulin, fur l'Article 170. de la Cou-tume de Blois, & Fachin en fes controv. *l.* 6. *ch.* 71. fe déclarent contre la confir-mation des Donations entre-vifs, qui ne peuvent valoir, en cette qualité, & contre la converſion qu'on en prétendoit faire en Donation à cauſe de mort. *V. ces Auteurs aux endroits cités.*

JURISPRUDENCE

4. **L**A Juriſprudence du Parlement de Paris, étoit fort incertaine & avoit ſouvent varié, ſur la queſtion de ſçavoir ſi, pour qu'une Donation entre-vifs, qui ne pourroit valoir en cette qualité, peut valoir comme Donation à cauſe de mort, ou Teſtamentaire, il étoit néceſſaire qu'elle fût revêtue des formalités preſcrites pour les Teſtamens, ou ſi une pareille Donation étoit abſolument nulle.

5. Dans le nombre des Arrêts que Brodeau, ſur M. Louet rapporte, lettre *D.* *n.* 10. Il n'y a que celui du 4 Janvier 1642. qui juge préciſément la queſtion : dans l'eſpéce de cet Arrêt il s'agiſſoit d'une Donation entre-vifs, faite par un particulier à ſes freres & ſœurs de tous ſes biens meubles & immeubles ſans en rien reſerver, & qui ſe trouveroient lui appartenir au jour de ſon décès. La Cour déclara la Donation qualifiée entre-vifs, & irrévocable, duement acceptée & inſinuée, être à cauſe de mort & réductible aux termes de la Coutume.

M. Bouguier, lettre *D. n.* 12. rapporte

deux Arrêts qui ont pareillement jugé qu'une Donation entre-vifs qui ne pouvoit valoir en cette qualité, pouvoit dégénerer en donation à caufe de mort, & valoir comme telle.

D'autres Arrêts du même Parlement ont déclarés de femblables Donations nulles : on en trouve deux au *Journ. du Pal. Tome I.* le premier du 18 Fevrier 1668. qui déclara nulle une Donation conçue entre-vifs, parce qu'elle n'étoit pas revêtue des formalités requifes aux Teftamens ; le deuxiéme du 9 Janvier 1674. qui juge la même chofe.

Bafnage, fur l'Article 447. de la Coutume de Normandie, cite un Arrêt du Parlement de Rouen, du 16 Juin 1665. qui a confirmé une pareille Donation.

L'Article 40. des arrêtés de Monfieur de la Moignon, porte que la Donation entre-vifs ne vaut comme Donation à caufe de mort, fi elle n'eft pas revêtue des folemnités d'un Teftament.

OBSERVATIONS.

6. L'Article que nous conférons, en difant que toute Donation entre-vifs, qui ne feroit valable en cette qualité, ne pourra valoir comme Donation ou difpofition à caufe de mort , ou Teftamentaire de quelque formalité qu'elle foit revêtue , a décidé une des queftions les plus difficiles de la matiere : On peut s'en convaincre par la diverfité des Arrêts qui l'avoient jugée,& par les difputes qu'elles avoient excitées parmi les Auteurs. Ricard, *part.* 1. *ch.* 2. la traite fort amplement , & il prouve que l'opinion de ceux qui prétendoient qu'une Donation entre-vifs qui étoit nulle , devoit être confirmée comme Donation à caufe de mort , étoit contraire à tous les principes , tant du Droit Ecrit que du Droit Coutumier.

7. Meffieurs Furgole & Boutaric , dans leurs obfervations fur cet article , ont cru qu'il n'avoit pour unique objet que d'abroger l'article 277. de la Coutume de Paris , & qu'il ne pouvoit concerner le pays de Droit Ecrit , où un malade peut donner entre-vifs comme un homme en fanté.

8. Mais ces deux Auteurs ont donné par cette interprétation , des bornes à une Loi qui contient des difpofitions générales pour

toutes les Donations qui se trouveront nulles de quelque espéce que soit la nullité, & en quelque pays que l'Acte ait été fait.

Et en effet s'il arrivoit que dans le pays de Droit Ecrit, une Donation conçue entre-vifs, fût faite par un Acte sous seing privé ou qu'étant faite pardevant Notaire, il n'en eût pas resté minute, il est certain qu'elle ne pourroit valoir comme Donation entre-vifs, aux termes de l'Article premier de notre Ordonnance. Or, on demande si dans ce cas elle ne tomberoit pas dans la disposition de notre Article ? Le défaut d'acceptation ou tel autre vice radical que ce fût, n'annulleroit-il pas une Donation aussi-bien en pays de Droit Ecrit, qu'en pays Coutumier.

L'opinion de ces Auteurs est d'autant moins exacte, que les meilleurs Jurisconsultes ont soutenu, & les derniers Arrêts l'ont jugé, que l'Article 277. de la Coutume de Paris n'autorisoit point les Donations à cause de mort : * ce qui auroit dû faire penser à M. Furgole que notre Article pouvoit n'avoir pas pour unique but, une interprétation dont on avoit déja reconnu l'abus & le faux ; mais ce qui prouve encore plus particulierement que cet Auteur n'au-

---

* Voyez Ricard à l'endroit cité, & les autorités dont il se sert.

roit pas dû penfer que l'article que nous
conferons, ne pouvoit regarder le pays du
Droit Ecrit, c'eft qu'il y avoit dans ce pays
des Donations entre-vifs qui, comme nous
l'avons prouvé plus haut, fe confirmoient
par la mort du Donateur, & qui, quoique non-valables en qualité de Donations
entre-vifs, fe convertifloient en Donation
à caufe de mort : C'étoient celles faites entre
maris & femmes, celles des peres à leurs
enfans étant en leur puiffance, & généralement toutes les Donations dont un mariage fubfiftant empêchoit la validité, comme Donation entre-vifs. Si l'Article 46. de
notre Ordonnance, n'exceptoit pas expreffément de fes difpofitions, les Donations faites dans les deux premiers cas,
c'eft-à-dire, entre maris & femmes, & du
pere à fes enfans, il eft indubitable que
notre Article les concerneroit, & les em-
pêcheroit de valoir comme Donation à caufe
de mort. Il eft d'ailleurs également certain
que dès-que l'Article 46. n'excepte des
regles prefcrites par l'Ordonnance, que les
Donations faites entre les maris & femmes,
& du pere aux enfans, étant en fa puiffance,
toutes les autres Donations entre-vifs, qui
fe convertifloient en Donation à caufe de
mort, en pays de Droit Ecrit, fuivant la
Loi 32. 5. *oratio au D.* que nous avons ci-
deffus

deſſus rapportée , ſont abſolument abrogées
par notre Article. Il faut donc concluré
contre l'avis de Meſſieurs Furgole & Boutaric , que l'Article que nous conférons ,
concerne auſſi bien les pays de Droit Ecrit
que les Pays Coutumiers , & contre un Auteur moderne , qui a cru que l'Article 277.
de la Coutume de Paris autoriſoit la converſion dont parle l'Ordonnance.

ARTICLE CINQUIE'ME.

La Donation n'aura d'effet que du jour qu'elle aura été acceptée.

1. NEcessité de l'acceptation des Donations dans le Droit Romain.
2. Mais il ne l'exigeoit pas aussi formelle que l'Article 5.
3. La tradition des choses données valloit l'acceptation.
4. Dispositions des anciennes Ordonnances à cet égard.
5. Jurisprudence du Parlement de Paris, qui déclaroit nulles les Donations non acceptées.
6. On jugeoit le contraire au Parlement de Touloufe.
7. Le Parlement de Provence difpenfoit de l'acceptation les Donations faites à l'Eglife.
8. Arrêt du Parlement de Paris qui confirme une Donation acceptée par le Notaire.
9. Autre Arrêt qui juge le contraire.
10. Sentiment de Ricard.
11. Ufage de l'Artois.
12. Que depuis l'Ordonnance on ne peut plus douter qu'une Donation ne peut avoir d'effet

que du jour qu'elle a été acceptée.

Les Donations entre-vifs, même celles qui seroient faites en faveur de l'Eglise, ou pour cause pie, ne pourront engager le Donateur, ni produire aucun effet que du jour qu'elles auront été acceptées par le Donataire, ou par son Procureur général ou spécial, dont la Procuration demeurera annexée à la minute de la Donation, & en cas qu'elle eût été acceptée par une personne qui auroit déclaré se porter fort pour le Donataire absent, ladite Donation n'aura effet que du jour de la ratification expresse que ledit

Donataire en aura faite, par Acte paſſé devant Notaire, duquel Acte il reſtera minute. Défendons à tous Notaires & Tabellions d'accepter les Donations comme Stipulans pour les Donataires abſens, à peine de nullité deſdites ſtipulations.

DROIT ROMAIN.

1. LE Droit Romain, comme notre Ordonnance, exigeoit une acceptation pour rendre les Donations valables. *In omnibus rebus quæ dominium transferunt, concurrat oportet affectus ex utraque parte contrahentium, ſive eâ venditio, ſive Donatio, ſive conductio, ſive quælibet alia cauſa contrahendi fuit, niſi animus utriuſque conſentit perduci ad effectum in quod incohatur, non poteſt,* L. 55. D. de oblig. & action.

2. Mais il s'en falloit beaucoup que les Loix Romaines exigeaſſent une acceptation auſſi expreſſe que le fait notre Article, & pour peu que le Donataire eût connoiſſance que la Donation lui étoit faite, cette circonſtance valoit une acceptation. *Abſenti*

five mittas qui ferat, five, quod ipfe habeat, fibi habere eum jubeas, donari recte poteft; fed fi nefcit rem, quæ apud fe eft, fibi effe donatam, vel miffam fibi non acceperit, donatæ rei dominus non fit, etiam fi per fervum ejus cui donabatur miffa fuerit; nifi ea mente fervo ejus data fuerit; ut ftatim ejus fiat. l. 10. D. de Donationibus.

3. La tradition des chofes données étoit un des principaux équivalens pour fuppléer une acceptation qui n'étoit pas expreffe. *Nec ambigi oportet Donationes inter abfentes & maxime fi eft voluntate donantium poffeffiones iis quibufdam donatum eft nancifcantur, validas effe*, l. 6. Ibid.

ORDONNANCES.

4. L'Article 133. de l'Ordonnance du mois d'Août 1539. porte que les Donations faites en l'abfence des Donataires, les Notaires ou autres Stipulans pour eux, ne commenceront à avoir d'effet que du tems qu'elles auront été acceptées par les Donataires, en la préfence des Donateurs & Notaires, finon qu'elles feront nulles. *Et quant à celles qui feroient faites en l'abfence defdits Donataires, les Notaires, & Stipulans pour eux, elles commenceront à avoir leur effet du tems qu'elles auront*

*été acceptées par lesdits Donataires, en la
présence des Donateurs & Notaires, autrement elles seront réputées nulles.*

L'Artic e 4. de l'Edit du mois de Février 1549. donné en interprétation de
cette Ordonnance fait quelques changemens
à l'article 133. Il veut, 1°. Que l'acceptation d'une Donation faite à un abfent puiffe
être faite en l'abfence du Donateur pourvû
que ce foit pendant fa vie ; 2°. Que l'acceptation foit faite devant Notaires ; 3 . Que
dans l'Acte d'acceptation foit inféré celui
de Donation. » Voulons & ordonnons que
» les Donations faites à perfonnes *abfentes*
» fe puiffent accepter par les Donataires,
» en l'abfence du Donateur, pourvû qu'i-
» celle Donation foit acceptée du vivant
» dudit Donateur, & qu'icelle acceptation
» foit faite en préfence de perfonnes publi-
» ques & témoins, & de deux Notaires, &
» que l'inftruction de la Donation foit in-
» férée dans la note, acte & inftrument de
» ladite acceptation.

JURISPRUDENCE.

5. **L**E Parlement de Paris fur la néceffité de l'acceptation ne diftinguoit
point les Donations pour caufes pies de
toutes les autres, & lorfqu'elles n'étoient

pas acceptées, il les déclaroit également nulles. Louet & Brodeau, lettre *D. ch.* 3 & 4. l'Ordonnance est conforme.

6. Catelan, *liv.* 5. *ch.* 55. *in fin.* Mainard, *liv.* 7. *ch.* 85. & 86. citent nombre d'Arrêts qui prouvent qu'on jugeoit le contraire au Parlement de Touloufe.

7. Au Parlement de Provence on jugeoit auffi que les Donations faites à l'Eglife n'avoient pas befoin d'acceptation , *Bonif. part. I. liv.* 7. *ch.* 1. *tom.* 1.

8. Papon, *liv.* 11. *tom. I. n.* 10 & 12. rapporte des Arrêts du Parlement de Paris qui décident que l'acceptation faite par le Notaire pour le Donataire abfent rendoit la Donation valable. L'Ordonnance abroge cette Jurifprudence.

9. Il a été mis dans les Arrêtés de la cinquiéme Chambre des Enquêtes un Arrêt du 5 Mars 1613. par lequel le Parlement de Paris a jugé que le Notaire ne pouvoit pas accepter pour le Donataire abfent.

10. Ricard, *n.* 867. *I. Part.* demande fi le Notaire peut du moins accepter pour le Donataire , qui n'eft ni né, ni conçu; il fe décide pour la négative , & propofe l'expédient que contient l'article 10. de notre Ordonnance.

L'Annotateur du même Auteur au nombre précédent nous apprend qu'en Artois on ju-

geoit que l'acceptation du Notaire étoit
valable : mais cet usage ne peut plus subsister, dès que notre Ordonnance abroge
toute loi contraire, & n'excepte pas la
maxime suivie en Artois.

OBSERVATIONS.

12. CET Article, en disant que la
Donation ne pourra engager le
Donateur, ni produire aucun autre effet
que du jour qu'elle aura été acceptée,
décide une question fort agitée par les Auteurs ; c'étoit de sçavoir si avant l'acceptation du Donataire le Donateur pouvoit révoquer la Donation. Mais cette question
devoit être d'autant moins embarrassante à
résoudre, qu'outre les principes invoqués
par les Auteurs qui soutenoient l'affirmative.
L'Article 133. de l'Ordonnance de 1539.
décidoit positivement, comme le fait notre
article, que les Donations ne commenceroient à avoir d'effet que du jour de l'acceptation.

13. L'article que nous conferons ne décide
pas aussi nettement une question sur laquelle
les Auteurs s'accordoient aussi peu que sur
la précédente, c'est celle de sçavoir si les Héritiers du Donataire pouvoient accepter la
Donation après sa mort. On peut cependant

dire que l'article réfout cette difficulté, en ce qu'il veut que la Donation n'ait d'effet que du jour que l'acceptation en aura été faite par le Donataire, ou par son fondé de procuration générale ou spéciale : d'où il faut conclure que l'acceptation ne peut être faite que par deux sortes de personnes ; par le Donataire lui-même, ou par quelqu'un qu'il en ait chargé, & par conséquent qu'elles ne peut être faite que de son vivant : l'article est d'ailleurs irritant & limitatif.

14. Boutaric, dans ses notes sur cet article prétend que les défenses qui y sont faites aux Notaires, de stipuler & accepter pour les Donataires absents sont inutiles & surabondantes.

Cet Auteur a eu d'autant plus de tort de parler ainsi, que l'article même parle des personnes qui auroient déclaré se porter fort pour les Donataires absens, & ne déclare pas nulles les Donations ainsi acceptées ; or, les Notaires auroient pû prétendre être compris dans la désignation illimitée de ces personnes ; & cela d'autant mieux que l'Ordonnance de 1539. & un usage constant les autorisoient à stipuler & accepter pour les absens. Il est donc clair que les défenses qui leur sont faites par notre article préviennent les difficultés qui n'auroient pas manqué de s'élever si l'Ordonnance ne les

avoit pas décidées d'avance par une difpofition expreffe.

16. Ricard , *n.* 894. prétend que les
Donations faites par la voye de la Pollicitation font exemptes de la formalité de l'acceptation. La Jurifprudence du Parlement
de Paris étoit conforme à l'avis de cet Auteur. M. Furgole , fur cet Article , a raifon
de dire que cette décifion ne peut plus avoir
lieu depuis l'Ordonnance , qui n'excepte
de la regle générale uniquement que les Donations faites en contrat de Mariage, & qui
en y comprenant nommément celles faites à
l'Eglife , ou pour caufes pies , y a compris
à plus forte raifon celles faites par la voye
de la Pollicitation. *V.* ce que nous avons dit
fur les Pollicitations dans les obfervations
fur l'article premier , n°. 23.

ARTICLE SIXIEME.

L'acceptation fera expreſſe & ne pourra être ſuppléée par aucun équipolent.

1. *LES Loix Romaines admettoient toutes ſortes d'équipolens.*

2. *Le Parlement de Paris n'en admettoit point.*

3. *Ni le Parlement de Rouen.*

4. *Le contraire avoit lieu au Parlement de Toulouſe en certains cas.*

5. *Arrêt notable du Parlement de Paris.*

6. *Raiſons en faveur des équipolens.*

7. *Raiſons contraires.*

8. *Déciſion.*

9. *Sentiment de Lupleſſis.*

10. *L'Article tranche toute difficulté en rejettant tout équipolent.*

11. *Sentiment de Ricard, ſur la ſignature du Donataire miſe dans une Donation non acceptée.*

12. *Réfutation.*

13. *Si le mot Acceptant eſt néceſſaire.*

L'acceptation de la Donation fera expreſſe, ſans que les Juges puiſſent
avoir égard aux circonſtances dont
on prétendroit induire une acceptation tacite ou préſumée, & ce
quand même le Donataire auroit
été préſent à l'Acte de Donation
& qu'il l'auroit ſignée, ou quand
il ſeroit entré en poſſeſſion des choſes données.

DROIT ROMAIN.

1. LES Loix Romaines que nous avons
citées ſur l'article précédent admettoient toutes ſortes d'équipolens pour
ſuppléer une acceptation qui n'étoit pas
expreſſe ; nous ne croyons pas devoir rien
répéter à cet égard.

JURISPRUDENCE

2. SUivant la Jurisprudence du Parlement de Paris l'acceptation devoit être expresse: elle ne se suppléoit par aucunes circonstances ; la présence , la signature même du Donataire , mises dans l'Acte de Donation ne tenoient point lieu d'acceptation. *V.* les arrêts rapportés par Brillon au mot *Donation , n.* 63.

3. Au Parlement de Rouen on jugeoit que l'acceptation étoit de l'essence de la Donation, & que la jouissance des effets donnés ne quipoloit point. Basnage sur l'art. 448. de la Cout. de Normandie. l'Ordonnance est conforme.

Le défaut de signature de l'acceptation ou déclaration qu'on ne sçait signer , annulleroit sans doute l'acceptation comme auparavant l'Ordonnance. Bibliot. de Boucher, *V. Acceptation.*

4. Le Parlement de Toulouse , lorsque l'acceptation n'étoit pas expresse , & que le Donataire avoit été présent & qu'il avoit signé , jugeoit que cela valoit acceptation. *Idem ,* Arrêtés de la Moignon.

5. La Jurisprudence du Parlement de Paris étoit différente. M. Louet , *let. D. Tom.* 58. nous apprend qu'il se présenta en 1603. une question à décider dans l'espéce

fuivante. Un Tuteur avoit accepté une Donation faite à fon mineur ; mais l'Acte ne fe trouvoit point figné du Tuteur. Il fut queftion de fçavoir fi ce défaut de fignature annuloit la Donation ; quoique dans le corps de l'Acte l'acceptation fut expreffe , les avis fe trouverent partagés.

6. Les uns prétendirent que les Actes qui concernoient les Mineurs n'étoient point compris dans les difpofitions des Ordonnances de 1539. & de 1549. qui pour la perfection des Actes voùloient qu'ils fuffent fignés des Parties contractantes ; que l'acceptation mentionnée dans le corps de l'Acte étoit fuffifante , & fuppléoit au défaut de la fignature.

7. Les autres foutenoient que les Ordonnances comprenoient les Mineurs, d'autant qu'elles étoient générales , & que leurs difpofitions avoient pour objet le repos public : qu'il n'étoit pas jufte de laiffer le Donateur le maître de révoquer fa Donation , *ad nutum* , par l'imperfection de l'Acte ; qu'il falloit que celui qui acceptoit contractât obligation par un Acte valable , pour que la Donation fût valable ; que les Ordonnances exigeoient que les Actes fuffent fignés, à peine de nullité, & que par conféquent, &c. D'ailleurs qu'il n'y avoit aucune apparence de relever le mineur , puifqu'il

avoit été jugé contre l'Eglife que la Donation non acceptée étoit nulle.

8. L'Arrêt qui intervint après avoir demandé l'avis aux Chambres, déclara la Donation nulle, & débouta le Mineur de fes lettres de reftitution.

Ricard, *part. I. n. 838.* cite deux Arrêts qui ont jugé la même chofe.

9. Dupleffis, en fon Traité des Donations, fur la Coutume de Paris, fection 3. nous apprend que l'acceptation étoit regardée comme de l'effence intrinfeque de la Donation, & qu'elle devoit être expreffe ; qu'autrement la préfence & la fignature du Donataire ne fuffifoient pas ; que la Donation étant un Acte finalagmatique, il falloit que l'engagement du Donataire fût auffi certain que celui du Donateur.

OBSERVATIONS.

10. NOtre article en défendant d'admettre aucun équipolent pour fuppléer une acceptation qui ne feroit pas expreffe a tranché une queftion qui, comme on l'a vû par les Arrêts que nous venons de citer étoit très diverfement jugée, & il finit par là l'embarras où les Juges fe trouvoient pour difcerner quelles étoient les circonftances & les équipolens admiffibles.

11. Quoique Ricard, au nombre que l'on vient de citer, nous atteste que le Parlement de Paris n'admettoit point les équivalens d'une acceptation lorsqu'elle n'étoit pas expresse, il veut cependant que la signature qu'aura mise le Donataire, au bas de l'acte où il n'y aura point eu d'acceptation exprimée, vaille cette acceptation ; d'autant, dit-il, que cette signature prouve suffisamment que la Donation a été agréable au Donataire.

12. Cette opinion est d'autant plus surprenante dans Ricard, que d'un côté il étoit mieux instruit qu'aucun autre Auteur, des vrais principes de la matiere qu'il traite, & que de l'autre il venoit d'établir dans les nombres précédens, que dans notre Jurisprudence Françoise on n'admettoit aucun équipolent. On ne peut pas dire que cette contradiction soit justifiée, parce que Ricard ne regardoit pas la signature du Contrat comme un équipolent, mais comme une acceptation expresse. De deux choses l'une, ou cette signature est une acceptation expresse, ou ce n'en est pas une ; point de milieu. On ne peut pas dire que ce soit une acceptation expresse, puisque Ricard lui-même l'a proposée comme un cas particulier & différent de l'acceptation expresse, & qu'il invoque des autorités pour faire voir qu'elle doit tenir lieu

de

de l'expreſſion de l'acceptation, il faut donc mettre dans ce cas la ſignature au nombre des équipollens ; l'Auteur lui-même atteſte qu'on n'en admet point dans notre Juriſprudence. Cette contradiction prouve que, dès qu'une fois on s'eſt permis de s'é-carter de la rigueur de la Loi, l'on diſcerne difficilement les juſtes bornes où l'on doit s'arrêter.

13. Cet article preſcrit la néceſſité de l'ac-ceptation en termes ſi abſolus qu'on pourroit peut-être prétendre que le mot *acceptant*, eſt abſolument requis pour la validité de la Donation.

On ne croit cependant pas qu'il faille pouſſer la rigueur juſqu'à ce point : Si le Légiſlateur avoit regardé le mot *accep-tant* comme étant d'une néceſſité indiſ-penſable pour exprimer l'acceptation, il n'auroit pas manqué de faire à cet égard une diſpoſition expreſſe. Tout ſon but a été que l'acceptation fut exprimée dans l'Ac-te de façon à ne laiſſer aucun doute ſur la volonté & ſur les engagemens du Donataire envers le Donateur, conſentement qui ſeul peut rendre la Donation parfaite. En ſecond lieu, les Loix pénales ne s'étendent point & pour qu'un Acte ſoit nul, il faut que la nullité en ait été expreſſément prononcée par les Loix.

E

Ce sentiment peut se fortifier encore par un argument tiré de l'Ordonnance des Testamens, article 23. qui veut que les termes *de dicté*, *nommé*, *lû & relû* ne soient plus regardés comme des termes consacrés & dont l'omission emporte la nullité de l'Acte. L'assujettissement où l'on étoit de s'en servir entraînoit après soi des inconvéniens sans nombre, & ne produisoit d'ailleurs aucune sorte d'avantage.

14. Pour exclure toute sorte d'équipolens notre article défend d'admettre ceux qui faisoient le plus d'impression, & qui ordinairement étoient jugés capables de suppléer à l'acceptation expresse. On les tiroit de la présence du Donataire à l'Acte, de la signature qu'il avoit pû mettre au bas, & de la possession dans laquelle il étoit entré des biens donnés. Toutes ces circonstances prouvoient bien à la vérité que la Donation avoit été agréable au Donataire, mais elles ne prouvoient pas qu'il eût entendu s'engager envers le Donateur à toutes les obligations qu'on contracte en acceptant une Donation ; ensorte qu'il arrivoit que le Donateur seul étoit engagé sans que le Donataire le fût. Or, la Donation étant un Acte sinalagmatique, dont la perfection dépend du consentement des deux contractans, tant que ce consentement n'a pas été exprimé, on peut en

douter , & l'Acte dont la validité dépend du concours de la volonté de deux demeureroit imparfait ; il faut donc de toute nécessité que l'obligation du Donataire soit exprimée aussi clairement que celle du Donateur.

15. L'article que nous conferons exige comme on l'a vû, que l'acceptation des Donations soit expresse, & veut qu'on n'admmette aucune sorte d'équipollent ; il faut cependant excepter de cette rigueur , les Donations faites en contrat de mariage , lesquelles , suivant l'article 10. ne pourront être attaquées de nullité , sous prétexte du défaut d'acceptation. Hormis celles-là seules les articles 5 & 6. comprennent dans leur disposition généralement tous les autres.

Les termes de ces articles sont si clairs & si précis qu'on pourroit regarder la remarque que nous venons de faire, comme inutile & superflue , si nous n'avions pas été forcés de la faire, pour combattre le sentiment que M. Furgole a embrassé dans ses observations sur cet article.

16. En effet cet Auteur prétend que les Donations comprises dans les articles 11 & 12. suivans , ne sont pas comprises dans la disposition de l'article 6. c'est-à-dire , que dans les Donations faites au Donataire & à ses enfans nés ou à naître , ou chargés

de subftitution, & dans celles faites à des enfans à naître ; il n'eft pas néceffaire pour les
faire valoir que l'acceptation foit expreffe.

L'article 11. en difant que les Donations faites en faveur du Donataire , & des
enfans qui en naîtront , ou celles qui feront
chargées de fubftitution , vaudront par la
feule acceptation du premier Donataire , ne
difpenfe point ces Donations d'une acceptation expreffe , il la fuppofe au contraire
faite par le premier Donataire , fuivant les
regles prefcrites pour les rendre valables; &
il eft bien certain que fi l'acceptation faite
par le premier Donataire étoit nulle , c'eft-
à-dire , qu'elle ne fut pas expreffe , ce vice
l'annulleroit pour tous les autres Donataires,
par la raifon qu'une caufe nulle en foi ne
peut à aucuns égards produire d'effet.
Il ne faut donc pas dire comme fait M.
Furgole , que la regle portée par l'article 6. ne concerne point les Donations
portées dans l'article 11. puifque le premier
Donataire eft obligé comme tout autre Donataire de faire une acceptation expreffe ,
fans quoi la Donation ne peut produire
aucun effet aux termes de l'article 5.

L'article 12. eft encore conçû en plus
forts termes, & il fert de plus en plus à faire
voir que les Donations dont il y eft fait
mention , font affujetties à la regle portée

par l'article que nous conferons fur la néceffité de l'acceptation expreffe.

Cet article porte que les Donations faites
à des enfans nés & à naître, en cas qu'elles
ayént été acceptées par ceux qui étoient
déja nés lors de la Donation, ou par leurs
Tuteurs, font valables. Cet article ne
fait-il pas connoître par les termes les
plus précis qu'il fait dépendre la validité
de la Donation de l'acceptation qu'auront
faite les enfans déja nés ou leurs Tuteurs ?
Dès qu'il porte que la Donation fera valable, en cas que la condition qu'il exprime
foit accomplie, il décide par-là que cette
condition eft une de celles appellées en
Droit, condition *fine qua non*, & dont le
defaut doit néceffairement emporter la nullité de la donation. Que M. Furgole dife
que, quand l'acceptation aura été faite par
le premier Donataire, ou par quelqu'autre
perfonne capable, elle vaudra pour les autres Donataires, fans que ceux-ci foient
obligés de faire une acceptation expreffe,
fans même qu'ils foient aftraints à en faire
aucune, il parlera felon le vœu de la Loi :
mais qu'il dife, comme il a fait, qu'en général & indiftinctement, les Donations comprifes dans les articles 11 & 12. font difpenfées de la néceffité de l'acceptation expreffe,
c'eft tenir un langage contraire à l'efprit &

à la lettre de l'Ordonnance qui n'excepte de l'article 6. que nous conferons uniquement que les Donations faites par contrat de mariage, & cette exception est portée dans l'article 10.

18. Le même Auteur prétend que de même que les Donations par contrat de mariage, celles faites pour servir de titre sacerdotal, doivent par identité de raison, être exemptes de la rigueur de notre article par rapport à la nécessité de l'acceptation expresse, & la raison qu'il en donne est que la Donation faite pour une telle cause à une personne absente doit être regardée comme suffisamment acceptée, lorsque le Donataire a été promû aux Ordres sacrés sur une telle Donation, parce que de même que le mariage qui est accompli renferme une acceptation suffisante des Donations faites au profit des mariés, ainsi la promotion aux Ordres sur une Donation pour titre sacerdotal, faite en faveur d'un absent, renferme une acceptation suffisante, & qui doit avoir lieu, que le titre soit publié ou non, quoiqu'il soit vrai cependant, ajoute-t'il, que la publication faite à la diligence du Donataire & une promotion aux Ordres renferment une acceptation plus expresse, &c.

On ne craint pas de dire que tout ce qu'on vient de rapporter est une suite

de conféquences , tirées d'un principe
erroné ; car d'un côté , il n'y a point d'i-
dentité de raifon entre les Donations de
titre facerdotal , & celles faites par contrat
de mariage; & de l'autre, quand il y en auroit , les premiéres n'en feroient pas moins
affujetties à la rigueur de l'Ordonnance.

Il n'y a point d'identité de raifon , parce
que, 1°. La faveur des titres facerdodotaux ,
quelque grande qu'elle foit , n'eft pas com-
parable dans le Droit public à celle des contrats de mariage. En deuxiéme lieu, les Contrats de mariage fe font avec une publicité &
une folemnité qui ne fe trouvent pas dans
les Donations de titres facerdotaux , &
le concours des deux familles qui fignent
le Contrat forment une acceptation tacite ,
dont la Loi veut bien fe contenter : En
troifiéme lieu , ce n'eft point l'accompliffe-
ment feul du mariage qui a fait exempter les
Donations qu'ils contiennent de la rigueur
de la Loi,c'eft,comme on l'a dit,le confentement unanime des deux familles:C'eft qu'une
Donation en contrat de mariage , n'eft jamais regardée que comme une fucceffion an-
ticipée. L'approbation que donnent toutes
les Parties aux claufes que renferment le contrat fait fuffifamment préfumer qu'elles c
agréé & accepté la Donation qui en fa
tie. Or on ne voit pas qu'une feule de

qu'on vient de citer comme ayant servi de motifs à la Loi pour exempter les Contrats de mariage de la nécessité de l'acceptation expresse des Donations qu'ils contiennent, puisse être appliquée aux Donations de titre sacerdotal. Il n'y a donc point d'argument ni de parité à tirer du Contrat de mariage en faveur de cette derniere espéce de Donation. Nous avons ajouté que quand il y en auroit, elles n'en seroient pas moins sujettes à la regle prescrite par l'article que nous conferons ; & cela est aisé à prouver.

Il faut poser pour principe certain que l'article 5. sur la nécessité de l'acceptation, comprend dans sa disposition généralement toute sorte de Donations , par l'expression indéfinie , *les Donations* ; c'est ce que M. Furgole lui-même établit très disertement dans ses Observations sur cet article. Il n'est pas moins constant que l'article 6. en disant que l'acceptation sera expresse , comprend également toutes les Donations sans exception. Il est encore indubitable que l'article 10. n'excepte de la nécessité de l'acceptation telle qu'elle a été prescrite par les precédens , uniquement que celles faites par Contrat de mariage.

Il s'en suit donc par une conséquence néceffaire que, n'y ayant qu'une exception à la regle générale, tous les autres cas y reſtent aſſujettis : Il n'y a que les Donations en faveur & par contrat de mariage qui ayent paru au Légiſlateur mériter d'être exemptes de la rigueur dés Loix par rapport à l'acceptation : l'exception expreſſe qu'il en a faite, prouve clairement qu'il n'a voulu tirer de la claſſe commune que cette ſeule eſpéce de Donation, & que conſéquemment toutes les autres, quelque faveur qu'elles méritent, ſont aſtraintes indéfiniment à la regle générale.

Il eſt d'ailleurs d'autant plus étonnant que M. Furgole prétende que la promotion aux ordres, & la publication du titre donné, faite par le Donataire, ſont des équipolens d'une acceptation expreſſe, qu'il établit un ſentiment ſi ſingulier à la ſuite même d'un article (c'eſt l'article 6. que nous conferons) qui défend expreſſement à tous Juges d'avoir égard à quelque ſorte d'équipollens, & à quelque circonſtance que ce ſoit, dont on voudroit induire une acceptation tacite ou préſumée.

ARTICLE SEPTIE'ME.

De l'Acceptation pour les Mineurs.

1. **D**Ispofitions du Droit Ecrit à leur égard touchant l'acceptation.

2. Jurifprudence du Parlement de Paris.

3. Que les Mineurs font incapables d'accepter valablement une Donation.

4. Sentiment contraire de M. Furgole.

5. Sentiment de Ricard.

6. Réfutation du fentiment de Ricard par M. Furgole.

7. Reponfe aux raifons de ce dernier.

8. Si le Tuteur a befoin d'avis de Parens pour accepter. M. Furgole tient l'affirmative.

9. Raifons pour la négative.

10. Le même Auteur tient que le pere peut accepter pour le fils majeur.

11. Son Sentiment eft contraire à l'Ordonnance.

Si le Donataire eſt mineur de vingt-cinq ans, ou interdit par autorité de Juſtice, l'acceptation pourra être faite pour lui, ſoit par ſon Tuteur ou ſon Curateur, ſoit par ſes Pere & mere ou autres aſcendans, même du vivant du pere & de la mere, ſans qu'il ſoit beſoin d'aucun avis de Parens, pour rendre ladite acceptation valable.

DROIT ROMAIN.

1. **L**A Loi 26. *C. de Donationibus*, étendoit encore plus loin la faculté d'accepter en faveur des mineurs, puiſqu'elle vouloit que l'acceptation faite par un eſclave au nom du mineur fût valable. Elle s'exprime ainſi. *Si quis inémancipatum minorem, priuſquam fari poſſit, aut habere rei quæ ſibi donatur, adfeƈtum, fundum crediderit conferendum, omne ejus compleat inſtrumentis ante præmiſſis. Quod Jus per eum ſervum*

quem idoneum effe conftiterit, tranfigi placuit,
ut per eum infanti acquiratur.

On peut affimiler l'acceptation d'une
Donation à l'adition d'une hérédité que le
mineur ne pouvoit faire felon le Droit Romain fans l'autorité de fon tuteur, quoique
l'hérédité pût être avantageufe au Mineur.
In quibus hereditatem adire fine Tutoris auto-
ritate non poteft quamvis lucrofa fit, ne ha-
beat damnum, fed nec ex fenatus confulto
trebelliano hereditatem recipere fine Tutoris
autoritate poteft.

JURISPRUDENCE.

2. AU Parlement de Paris on jugeoit
valable l'acceptation faite par le
pere, en qualité de légitime adminiftrateur
de fon fils, Arrêt du 2 Août 1601. au
rapport de M. Louet.

Autre Arrêt du 16 Mai 1653. qui juge
la même chofe pour l'ayeul.

Autre du 5 Juillet 1677. qui juge également que l'Ayeul peut accepter, même du
vivant du pere.

OBSERVATIONS.

3. **L**E soin que le Législateur prend par cet article de désigner toutes les personnes qui peuvent accepter pour les mineurs doit nécessairement nous conduire à conclure qu'il a regardé ceux - ci comme incapables de faire une acceptation valable, & de pouvoir concourrir à la perfection d'un acte qui exige un consentement valable de la part de deux Parties contractantes, & qui renfermât, par sa nature même des engagemens réciproques & réels, quoique tacites, entre le Donateur & le Donataire, demande que le Donataire puisse être contraint comme le Donateur à *les* exécuter ; ce qui ne pourroit pas être si un mineur pouvoit accepter une Donation. De la minorité du Donataire suivroit encore un autre inconvénient aussi contraire aux principes de la matiere ; c'est que tous les actes que passent les mineurs, étant sujets aux changemens qu'exige l'intérêt des mineurs, les Donations ne seroient plus inébranlables comme le veulent toutes les Loix, & sur tout la nouvelle Ordonnance dont un des principaux objets est d'assurer l'exécution de ces actes.

Cependant M. Furgole dans sa question

2. prétend que les mineurs font capables d'accepter, & qu'on ne peut pas pour l'opinion contraire, tirer avantage de la Loi, *in quibus*, que nous venons de citer plus haut. Dans cette question & dans celle qui la fuit, cet Auteur femble s'être attaché par les principes qu'il a établis fur cet arcle, à contredire Ricard. Comme cette difcuffion ne peut que fervir à l'intelligence de notre texte & à l'établiffement des principes de la matiere, on croit devoir en rapporter ici ce qui nous paroîtra le plus néceffaire.

5. L'Auteur du Traité des Donations décide qu'un mineur ne peut pas, fans l'autorité de fon Tuteur, accepter valablement une Donation. Il prevoit les raifons de l'opinion contraire, & il les combat. Il affimile le mineur à la femme mariée, qui ne peut accepter fans l'autorifation de fon mari. Il donne pour raifon de fa décifion qu'une acceptation valable n'eft fi effentiellement requife pour la confection de la Donation, que parce qu'il eft de la nature de la Donation entre ·· vifs d'être fixe & irrévocable, tant de la part du Donataire que du Donateur, & cette irrévocabilité ne pourroit fe trouver fi la Donation étoit acceptée par une perfonne qui feroit incapable de s'obliger. La Donation quoique qualifiée pure & fim-

ple renferme toujours les charges tacites, de nourir le Donateur par exemple, de payer les charges du fonds donné, de rapporter les choses données en cas de survenance d'enfans, ou d'ingratitude.

6. M. de Furgole, question 2 & 3. fronde & la décision de Ricard & les raisons que cet Auteur donne de son opinion, & fait valoir contre Ricard les mêmes raisons & les mêmes autorités que ce dernier a rapportés lui-même, comme pouvant fonder le sentiment contraire au sien ; mais en même tems celui-ci les combat avec tant d'avantage, que la réfutation qu'il en fait auroit dû faire perdre à son adversaire l'espérance de les relever avec quelque succès.

7. Ce que M. Furgole ajoute pour fortifier son opinion est tiré des Loix Romaines qui n'exigeoient pas même d'acceptation pour la validité des Donations, & qui contiennent à cet égard des principes tout opposés à ceux de la Jurisprudence Françoise. Il fait sur ces Loix Romaines beaucoup de raisonnemens, pour prouver que les Donations peuvent valablement être acceptées par les mineurs ; mais outre les raisons décisives que Ricard donne pour l'opinion contraire, on doit conclure des termes de notre article, & de l'article sui-

vant que les mineurs ne peuvent valablement accepter une Donation, car s'ils le
pouvoient, pourquoi l'article auroit-il,
au défaut des Tuteurs & Curateurs, appellé
les afcendans ? Il étoit bien plus fimple de
dire que les mineurs, fans aucun fecours &
& fans avoir befoin de perfonne, pouvoient
eux-mêmes accepter les Donations faites à
leur profit : & fi l'on fuivoit l'opinion de M.
Furgole l'article 7. de l'Odonnance feroit
abfolument inutile. Mais cet Auteur prouveroit trop s'il prouvoit que le mineur peut
accepter une Donation fans l'autorité de
fon Tuteur ; car il s'enfuivroit par les mêmes raifons que l'interdit par Juftice, & la
femme mariée pourroient feuls, & fans le
fecours de perfonne accepter valablement ;
ce qui eft contre tous les principes & contre
la difpofition expreffe de l'article 7. & 9. de
notre Ordonnance.

Mais enfin M. Furgole : dansfes Obfervations fur cet Article, a reconnu la vérité des principes contraires à
l'opinion qu'il avoit tirée des Loix Romaines ; il ajoute cependant après avoir
avoué que l'intention du Légiflateur eft
d'interdire aux mineurs la faculté d'accepter, que l'opinion contraire eft plus
conforme aux principes. Mais eft - il
bien d'accord avec lui - même ? Car au
n.

n. 20. de la question 2. il établit qu'on ne peut tirer de l'acceptation de, l'hérédité qu'un *Pupille* ne peut faire sans son Tuteur aucun argument pour prouver que l'acceptation d'une Donation ne se peut faire de même. Et au nombre 28. de la même question, pour prouver que le *Mineur* peut accepter seul une Donation sans son Tuteur, il soutient qu'il peut d'autant mieux le faire, que la Loi 96. *D. de acquir. hered.* lui permet d'accepter une succession sans assistance de Tuteur. On ne voit pas quelle différence M. Furgole peut faire à cet égard entre *le Pupille & le Mineur.* On en présume d'autant moins que lui-même dans ses observations sur cet article, assure que l'article comprend par l'expression *Mineurs*, de vingt-cinq ans, non seulement les Pupilles, mais encore les Mineurs proprement dits.

8. Le même Auteur nous dit affirmativement dans la même question, nombre 47. & 48. que Ricard a décidé que le Tuteur ou Curateur avoit besoin pour faire une acceptation valable de la Donation faite à son Mineur, d'y être autorisé par un avis de parens.

9. Il est vrai que Ricard rapporte nombre 850. de la première partie de son Traité les raisons qui peuvent fonder cette

opinion ; mais M. Furgole a oublié de
dire qu'au nombre suivant, l'Auteur ajoute,
» néanmoins à l'égard des Mineurs notre
» ufage fondé fur les Arrêts de la Cour,
» les a difpenfés de cette rigueur, & la
» Donation eft jugée valable, non feule-
» ment quand l'acceptation eft faite par le
» Tuteur de fa feule autorité ; mais en-
» core quand elle eft faite par le pere en
» fa feule qualité de légitime Adminif-
» trateur, dont il y a Arrêt du 2 Août
» 1601.

10. Dans fes obfervations fur cet article, le même Auteur nous dit, après
avoir agité la queftion de fçavoir fi les
peres & autres afcendans peuvent accepter
pour leurs enfans mineurs, qu'il ne croit
pas que ce fût une contravention à notre
texte, que d'accorder au pere la faculté
d'accepter la Donation faite à fon fils,
quoique majeur & émancipé, ainfi que
le Parlement de Touloufe l'a jugé par
Arrêt rapporté par M. Mainard, *l. 4. ch. 7.*
même fur l'Ordonnance de 1539. qui exigeoit une procuration fpéciale, & qui n'a-
voit pas accordé comme celle-ci aux afcendans la faculté d'accepter pour les Defcendans mineurs ou interdits ; la raifon que
donne M. Mainard eft prife de ce que le
pere peut valablement ftipuler pour fon fils.

11. Ce sentiment nous paroît si contraire à l'esprit & à la lettre de l'Ordonnance, qu'on ne peut assez s'étonner de voir qu'il ait pû être adopté par personne ; pour s'en convaincre il ne faut que rappeller la disposition de l'article 5. & la conferer avec celle de notre article.

L'Article 5. porte que les Donations entre-vifs , même celles qui seroient faites en faveur de l'Eglise , ou pour cause pie ne pourront engager le Donateur ni produire aucun autre effet que du jour qu'elles auront été acceptées par le Donataire ou par son Procureur Général & spécial , dont la procuration demeurera annexée à la minute de la Donation.

Voilà donc , sans contredit , un article qui comprend généralement toutes les Donations , à l'exception cependant de celles comprises dans l'article 10. & qui ne veut pas qu'aucune ait d'effet que du jour de l'acceptation du Donataire ou de son fondé de procuration. L'Article 7. que nous conférons , prescrit une forme particuliere d'acceptation ; mais c'est uniquement à l'égard des personnes incapables de contracter. cet article est une exception à la regle générale , & cette exception n'est faite qu'en faveur des Mineurs & des Interdits, enforte qu'il ne regarde & ne peut regarder les Donations faites à des majeurs, & que c'eft l'article 5. qui doit regler la forme de l'acceptation des Donations faites aux perfonnes de cet âge ; par conféquent dès qu'un homme, quel qu'il foit, qu'il ait des afcendans ou non, aura atteint fa majorité, il n'a plus befoin de perfonne ; fecours qui né lui étoit donné que parce qu'il étoit pendant fa minorité incapable de contracter : dès qu'il eft une fois parvenu à vingt-cinq ans accomplis, il ne peut plus jouir des priviléges accordés aux mineurs, il devient le maître de fes actions, il peut contracter feul ; mais pour le faire valablement il doit fe conformer aux regles prefcrites pour les majeurs. Si notre article avoit eu deffein de comprendre dans l'exception qu'il porte les Majeurs qui ont des afcendans par tout le Royaume en général, & en particulier ceux qui font fous la puiffance paternelle en pays de Droit Ecrit, il en auroit fait une mention expreffe ; mais outre que dans le fait cette difpofition n'eft pas exprimée, elle auroit, dans le droit, été contraire aux vûes que s'eft propofées l'Ordonnance de rendre les Donations inébranlables, quand elles ont reçu leurs perfections par rapport aux folemnités. Le majeur n'ayant point accepté, il n'auroit point contracté avec le Donateur, & il feroit toujours en droit de fe fouftraire à des engagemens pris fans fon avœu : au moyen de quoi la Donation ne feroit point parfaite, puifque c'eft un Acte finallagmatique affimilé par les Loix à la vente, qui ne reçoit fa perfection que par le concours des volontés des deux contractans. *Perficitur autem, cum donator fuam voluntatem fcriptis manifeftaverit ad exemplum venditionis*, inftit. juft. l. 2. tit. 7. Il faut donc tenir pour certain contre l'avis de M. Furgole, que notre article ne comprenant dans l'exception qu'il fait de la regle générale que les mineurs de vingt-cinq ans & les interdits, a laiffé les majeurs foumis aux difpofitions de l'Article 5. par rapport à l'acceptation *inclufio unius, eft exclufio alterius* & cette décifion doit avoir lieu même pour les majeurs qui font fous l'autorité paternelle en Pays de Droit Ecrit, puifque l'article 7. ne les comprend point dans fa difpofition, & qu'ils font capables d'ailleurs d'acquérir. Ricard étoit fi perfuadé des principes que l'on vient d'établir qu'il décide, nombre 853. qu'il feroit plus régulier de ne point fouffrir les acceptations des peres pour leur fils mineurs. Mais aux nombres suivans, il dit qu'il faut s'en tenir à la Jurisprudence qui, ainsi que notre article, avoit autorisé ces acceptations.

ARTICLE HUITIE'ME.

De l'acceptation des Donations faites
à l'Eglife, & aux établiffemens de
Charité.

1. *LES Adminiftrateurs font affimilés aux
Tuteurs & Curateurs.*
2. *Difpofition de l'Ordonnance de Blois.*
3. *Le Parlement de Paris ne confirmoit que
les Donations homologuées par Sentence.*
4. *L'Article 8. n'exige point cette homologation.*
5. *Que les Curés & Marguilliers doivent concourir à l'acceptation.*
6. *Sentiment de M. Furgole contraire à cette
décifion.*
7. *Réfutation.*
8. *Quid ? A l'égard de l'acceptation des Donations pour la rédemption des Captifs.*

L'Acceptation pourra auffi être faite par les Adminiftrateurs des Hôpitaux, Hôtels-Dieu ou autres femblables établiffemens de Charité, autorifés par nos Lettres-Patentes regiftrées en nos Cours, & par les Curés & Marguilliers, lorfqu'il s'agira de Donation entre-vifs, faite pour le Service Divin, pour fondations particulieres, ou pour la fubfiftance & foulagement des Pauvres de leurs Paroiffes.

---

1. LES Loix ont affimilé les Adminiftrateurs des Hôpitaux & des Communautés laïques & Ecléfiaftiques, aux Tuteurs des Mineurs ; ainfi on peut leur appliquer les regles générales, que nous avons expofées fur les articles précédens.

ORDONNANCE.

2. **L**'ARTICLE 53. de l'Ordonnance de Blois porte, » ne pourront les » Marguilliers & Fabriqueurs des Eglises » accepter aucune fondation, sans appeller » les Curés, & avoir sur ce leur avis.

JURISPRUDENCE.

3. **P**OUR rendre valable l'acceptation des Marguilliers, la Jurisprudence du Parlement de Paris exigeoit qu'elle fût homologuée par le Juge ; M. Louet, lettre. n. 3. rapporte un Arrêt donné en 1598. qui déclare que la Donation faite à une Fabrique, peut se révoquer jusqu'à la Sentence d'homologation qui seule peut, suivant cette Jurisprudence, donner la perfection à la Donation.

OBSERVATIONS.

4. **N**OUS ne croyons pas que cette Jurisprudence doive être suivie aujourd'hui, l'esprit & les termes de l'Ordonnance paroissent même s'éloigner de cette rigidité. En premier lieu, si le Législateur avoit désiré une pareille formalité, il n'au-

roit pas manqué de l'exprimer , comme il a exprimé toutes celles qu'il a crues nécef- faires à la perfection des Donations ; notre article ne dit rien fur la néceſſité de cette homologation ; ainſi l'on doit conclure qu'il ne l'a pas jugée néceſſaire.

En ſecond lieu , les Adminiſtrateurs ſont regardés comme des Procureurs fondés de procuration générale pour le corps qu'ils gouvernent , & l'article 5. n'exige pas que l'acceptation ſe faſſe par un fondé de procu- ration ſpéciale , il ſuffit que la procuration de l'acceptant ſoit générale.

3°. Les Adminiſtrateurs étant comme nous l'avons dit aſſimilés aux Tuteurs & Curateurs ils ne doivent pas être traités plus ſévèrement que ceux-ci, que l'article n'aſſu- jettit pas à la formalité d'un avis de parens pour l'acceptation faite à leurs mineurs.

5. Lorſque l'Ordonnance dit que les Do- nations faites pour le Service Divin , pour fondation & pour les Pauvres ſeront accep- tées par les Curés & Marguilliers , elle en- tend ſans contredit que les uns & les autres, (le Curé & les Marguilliers) concourent à l'acceptation, aux termes de l'article 53. de l'Ordonnance de Blois que nous avons rap- portés , & la raiſon de cette diſpoſition eſt que les uns & les autres y ſont également intéreſſés : le Curé , parce qu'il eſt obligé

d'acquiter le Service ou les Prieres prefcrites par la fondation, & les Marguilliers
parce qu'ils doivent adminiftrer les biens
donnés & en rendre compte. Il étoit donc
inutile pour ne rien dire de plus, d'obfer-
ver (comme l'a fait M. Furgole) que la con-
jonctive &, mife entre les Curés & Marguilliers devoit être réfolue en difjonctive. Rien
ne feroit plus contraire à la difpofition textuelle & à l'efprit de l'article qu'une pareille
interprétation.

7. Il eft vrai que cet Auteur veut que fon
opinion à cet égard n'ait lieu que pour d'autres Donations que celles qui auront pour
objet le Service Divin. Mais il donne par-
là des bornes à une Loi qui s'étend par identité de raifon & par les termes mêmes dans
lefquels elle eft conçue, à toutes fortes de
fondations, foit qu'elles foient faites pour
le Service Divin, foit que les Prieres qu'elles prefcriront ayent le repos de l'ame du
Fondateur pour objet, foit en un mot que les
biens donnés à la Fabrique foient deftinés
au foulagement des Pauvres de la Paroiffe.
Dans tous ces cas c'eft toujours le Curé qui
fera obligé de dire le Service, de dire les
Prieres, ou de veiller à ce que les diftribu-
tions ordonnées être faites aux Pauvres,
n'excédent point les biens donnés ; &
quand cela ne feroit pas, il y a une raifon

générale pour ne pas douter que le concours du Curé ne soit nécessaire pour rendre l'acceptation valable : c'est que le Curé est le chef de son Eglise & de sa Paroisse, les Marguilliers n'en font que les Administrateurs, & par conséquent on ne peut pas sans son consentement imposer aucune charge à son Eglise.

8. Le même Auteur dit dans ses observations sur cet article, que l'article ne parlant pas des Donations faites pour la rédemption des Captifs, aucuns des Religieux établis pour faire ces œuvres de Charité ne font capables d'accepter les Donations destinées à contribuer à cette Rédemption ; mais que ce sont les Evêques du Diocèse, ou les Curés & les Marguilliers.

ARTICLE NEUVIEME.

De l'acceptation des Donations faites
aux femmes mariées.

*valable l'acceptation de la femme. Sentiment
de M. Furgole.*

13. Réfutation.

Les femmes mariées, même celles qui ne feront communes en biens ou qui auront été féparées par Sentence ou par Arreſt, ne pourront accepter aucune Donation entre-vifs, fans être autoriſées par leurs maris, ou par Juſtice à fon refus. N'entendons néanmoins rien innover fur ce point, à l'égard des Donations qui feroient faites à la femme pour lui tenir lieu de bien paraphernal dans les pays où les femmes mariées peuvent avoir des biens de cette qualité.

JURISPRUDENCE.

1. AU Parlement de Paris on déclaroit nulle une acceptation qui n'étoit faite que par la femme feule fans l'autorité

de fon mari, Brodeau fur M. Louet, *lettre* *M. Som,* 11,

2. A la vérité l'Auteur qui rapporte cet Arrêt dit que la queftion auroit été jugée autrement fi la Donation avoit été pure & fimple, & non pas avec réferve d'ufufruit, comme étoit celle dont il s'agiffoit ; voulant par-là mettre de la différence entre les Donations onéreufes & les Donations gratuites.

3. Mais il s'eft trompé en voulant faire regarder comme onéreufe une Donation de cette qualité ; car, comme le dit Ricard n. 847. la rétention d'ufufruit fait bien que la Donation n'eft pas fi ample qu'elle le feroit, fi cette réferve n'y étoit point ; mais elle ne fait pas que le Donataire foit chargé davantage que fi la jouiffance étoit réunie à la propriété ; elle ne lui impofe en effet aucune obligation particuliere : tout ce qu'il y a c'eft que le Donateur a donné la propriété, fans donner l'ufufruit : il ne faut donc pas douter que la réferve d'ufufruit n'a point été la raifon de décider dans l'efpéce de l'Arrêt rapporté par M. Louet ; mais c'eft l'incapacité indéfinie que l'on attachoit dès-lors à la perfonne de la femme qui a déterminé les juges. Ce n'eft point la différence des conditions mifes dans une Donation qui peut donner, ou enlever à la femme la

faculté d'acccepter: dès qu'elle est incapable, par la raison qu'elle est dans la puissance maritale, elle doit l'être à toute forte d'égards.

OBSERVATIONS.

4. NOtre article réduit les femmes mariées à l'égard de l'acceptation des Donations à la même incapacité que l'article 223. de la Coutume de Paris les avoit mises pour la passation de tous les autres actes en général. Par cette disposition le Législateur a condamné l'erreur de ceux qui se persuadoient que les femmes pouvoient accepter des Donations, & qui se fondoient sur un faux principe; sçavoir, qu'en acceptant une Donation, on ne pouvoit que rendre sa condition meilleure, & que la Donation n'entrainoit aucune charge avec elle. On a prouvé le contraire sur les articles précédens.

5. L'article décide bien qu'une femme mariée ne pourra accepter une Donation sans être autorisée de son mari, mais il ne décide pas une question diversement jugée par les Parlemens, & decidée pour & contre, par les Auteurs. C'est celle de sçavoir si le mari peut, sans le concours de sa femme, accepter valablement une Donation faite à

sa

fa femme, que l'on fuppofe n'être pas commune en biens avec lui.

6. Le Parlement de Touloufe juge que l'acceptation du mari feul n'eft pas valable. *Albert verbo Don. art. 6.*

7. Celui de Dijon fuit la même Jurifprudence. *Taifand , fur la Coutume de Bourgogne , tit. 4. art. 5. n. 4.*

8. Celui de Bordeaux juge le contraire. *le Peirere , let. D. n. 93.*

9. On peut dire d'un côté que par rapport aux biens que la femme peut poffeder feule , le mari n'a aucune puiffance fur elle , l'article même que nous conferons le prouve puifqu'il ne prefcrit point la néceffité de l'autorifation par rapport aux chofes données à la femme pour lui tenir lieu de bien paraphernal : En effet, dès que ces biens font abfolument étrangers au mari,& que de leur nature ils ne peuvent recevoir la même impreffion de l'autorité maritale , enfin dès que la femme peut feule fans fa participation les acquérir, les poffeder & en difpofer , il n'a aucune qualité pour accepter les Donations dont ces fortes de biens font la matiere : & l'incapacité du mari , relative à cette efpèce particuliere de biens eft abfolue ; il n'eft ni Donataire ni fondé de procuration fuffifante, ni légitime Adminiftrateur de fa femme à cet égard ; or, il n'y

G

a que les personnes de cette qualité qui puissent faire un acceptation valable & engager le Donataire ; il faut donc conclure que le mari ne peut accepter sans le concours de sa femme les Donations de cette espéce de biens & que lorsqu'elle est séparée de biens d'avec lui , autorisée par conséquent à jouir de ses droits, il ne peut accepter pour elle cette sorte de Donation.

10. D'un autre côté l'on soutiendra que la femme, quoique séparée de son mari, ne sort pas pour cela de sa puissance. La preuve de cette vérité se tire de notre article même puisqu'il assujettit la femme, même séparée, à prendre l'autorisation de son mari pour accepter, ce qui suppose clairement que le Législateur a toujours regardé le mari, en quelque condition que fût la femme , comme conservant sur elle jusqu'à la mort de l'un d'eux la puissance que les Loix lui ont une fois accordée.

11. Cependant pour nous décider nous croyons la premiere opinion, plus conforme aux vrais principes, par la raison que le mari ne pouvant pas en général obliger sa femme sans son consentement, il ne le peut pas d'avantage dans le cas particulier d'une Donation. Ensorte que tant que la femme n'a pas concouru à l'acceptation , tant qu'elle n'a pas ratifié expressément la Donation , l'acte

ne doit pas être regardé comme parfait, ni valablement accepté.

Les raisons tirées de la faculté qu'a la femme de disposer de ses paraphernaux ne peuvent influer sur la capacité de la femme en général. Ces sortes de biens sont exemts de la puissance maritale à la vérité, mais il ne s'en suit pas de-là que les biens d'une femme séparée en soient exempts ; & cependant quoique le mari conserve sa puissance sur sa femme séparée, on n'en peut pas conclure non plus qu'il puisse l'obliger sans son consentement : car, il y a bien de la différence entre autoriser à contracter & contracter soi-même ; & tel peut rendre une personne capable de s'engager qui ne pourra pas s'engager lui seul, parce que dans ce cas il n'y a que les volontés réunies des deux personnes qui puissent former l'engagement.

12. M. Furgole sur cet article agite la question de sçavoir si l'acceptation étant faite par une femme sans l'autorisation de son mari, la ratification que celui-ci en fait par la suite rend la donation valable, & il se décide pour l'affirmative qu'il apuye de plusieurs autorités tirées, tant du Droit Ecrit que du Droit Coutumier.

Il est vrai que la question de sçavoir si une obligation consentie par la femme sans l'autorifation de fon mari, & ratifiée depuis par lui étoit valable, a été autrefois agitée diverfement ; mais depuis la réformation de la Coutume de Paris : on a regardé la ratification intervenue après coup comme ne pouvant pas valider l'acceptation faite par une perfonne incapable : on s'eft fondé fur l'article 223. qui veut que tout contrat paffé par la femme, fans l'autorifation de fon mari, foit déclaré nul.

13. On pourroit, pour appuyer ce fentiment, citer les meilleurs interprêtes du Droit Coutumier ; mais pour nous renfermer dans l'efpéce du contrat dont il s'agit & dans les regles de notre texte, il n'eft pas douteux que l'article que nous conférons exige l'autorifation du mari, pour rendre valable l'acceptation de la Donation faite à la femme, & qu'il conftitue les femmes mariées par ces mots, *ne pourront accepter*, dans une incapacité abfolue & indéfinie d'accepter feules les Donations qui pourront leurs être faites : fi elles font incapables d'accepter, l'acceptation qu'elles pourront faire eft donc nulle, & doit être regardée comme n'ayant jamais exifté : Or, dans ce cas la ratification du mari feroit relative à une acceptation nulle, elle ne peut donc avoir d'effet, puifqu'elle ne porteroit que fur un Acte invalide dans fon origine. *Quod ab initio*

vitiofum eſt, nullo tempore convaleſcere poteſt.
Ainſi pour que l'acceptation faite par la
femme pût valoir, il faudroit qu'elle accep-
tât de nouveau, & que le mari l'autoriſât en
même tems ; & cependant dans ce cas, la
Donation n'auroit d'effet que du jour de
cette derniere acceptation aux termes de
l'article 5. car auparavant il n'y avoit point
d'acceptation, & par conſéquent point de
Donation, puiſque la Donation ne peut
avoir d'effet même à l'égard du Donateur,
que du jour de l'acceptation qui en aura été
faite valablement.

M. Furgole dit, pour appuyer ſon ſentiment, qu'on doit encore avec plus de
facilité adopter, à l'égard des Donations,
les raiſons qui décident pour la validité des
obligations conſenties par la femme ſans ſon
mari & ratifiées d'après coup ; d'autant
qu'en acceptant la Donation, la femme fait
ſa condition meilleure & augmente ſa fortune, tandis qu'elle la diminue en paſſant
des obligations.

En raiſonnant ainſi, M. Furgole poſe
pour principe certain que l'obligation
paſſée par la femme ſans l'autoriſation du
mari, & ratifiée depuis par lui eſt valable.
Pour ſe convaincre du contraire on peut
voir ce que dit Renuſſon dans ſon traité
de la Communauté, *chap.* 7. & tous les

Auteurs qu'il cite, on y trouvera même la réfutation des autorités que M. Furgole invoque en sa faveur ; mais pour ne point excéder les bornes que nous prescrit notre matiere, il faut, comme nous l'avons dit, nous renfermer dans les raisons tirées de l'Ordonnance : Or, l'article que nous conférons, assimile les Donations à tous les autres contrats que la femme pourroit faire. Ainsi M. Furgole ne peut pas dire qu'il y ait plus de raison à déclarer ces Actes valables que tous les autres que la femme auroit fait sans le concours actuel, & sans l'autorisation expresse de son mari. C'est en un mot un principe universellement reconnu que dans ces sortes de questions on distingue le consentement de l'autorisation. Le consentement peut se donner après coup ; parce que dans ce cas le concours de la personne dont le consentement est nécessaire n'est pas requis pour donner la capacité de contracter à la personne qui contracte, ni pour faire valider l'Acte en lui-même ; mais l'autorisation est requise *ad integrandam personam*, qui sans cela est d'une incapacité absolue de rien faire de son chef. Les femmes sont semblables en tout aux mineurs & aux interdits ; or, il est bien certain, comme nous l'avons dit plus haut, que ni les uns ni les autres ne peuvent seuls faire d'acceptation valable ; les femmes font donc dans la même incapacité, & la ratification d'un Acte nul ne peut produire aucun effet.

La raison qu'apporte M. Furgole pour fortifier son avis, est tirée de ce que la femme augmente ses biens ; par-là il suppose qu'une Donation n'entraîne aucunes charges ni aucunes obligations, & qu'elle ne peut jamais être que lucrative ; c'est en quoi il se trompe ; car, comme nous l'avons dit à l'occasion de l'acceptation des mineurs, une Donation oblige à nourrir le Donateur, s'il devient pauvre; à restituer les biens, en cas de survenance d'enfans,&c. Ces conditions tacites & légales exigent donc dans la personne qui s'y engage une capacité de contracter qui donne au Donateur les sûretés convenables pour l'exétion de ces conditions. Une femme, un mineur, un interdit, sont-ils capables de passer des Actes synalagmatiques, qui forment des engagemens réciproques entre les Contractans ? Ces Actes synalagmatiques sont-ils valables, ces engagemens réciproques sont-ils formés, dès que dans l'instant des conventions, il n'y a pas eu de part & d'autre le concours nécessaire des volontés, dès qu'un de ceux qui ont contracté étoit incapable de le faire ? Seroit-il juste que le Donateur fût seul engagé, tandis que le

Donataire ne le feroit pas ? C'eſt ce qui ne
ſçauroit ſe préſumer.

Le même Auteur agite enſuite la queſtion
de ſçavoir ſi l'autoriſation du mari doit être
expreſſe : & il ſe décide pour la négative
ſur la ſeule autorité de Baſnage , quoiqu'il
n'ignore pas les autorités que cite Ferriere
ſur l'article 223. de la Coutume de Paris ,
pour l'affirmative.

Pour réfuter ce ſentiment , il ne faut que
répéter ici , que la femme eſt incapable
d'accepter aux termes même de notre article ; étant incapable d'accepter , ce n'eſt
pas elle qui accepte , mais ſon mari par ſon
organe ; ſi ſon mari n'exprime pas qu'il
lui donne la capacité , qu'il l'autoriſe , il
n'y a point d'acceptation exprimée ; s'il n'y
a point d'acceptation exprimée , elle ne peut
ſe ſuppléer par quelques circonſtances ou
équipolens que ce ſoit , il faut donc une autoriſation expreſſe.

ARTICLE DIXIEME.

Les Donations faites en Contrats de mariage font difpenfées de la né-ceffité de l'acceptation.

1. *L'Article ne diftingue point les enfans à naître des perfonnes mariées.*
2. *Jurifprudence du Parlement de Paris.*

N'entendons pareillement compren-dre dans la difpofition des articles précédens fur la néceffité & la forme de l'acceptation dans la Do-nation entre - vifs, celles qui fe-roient faites par Contrat de ma-riage aux conjoints, ou à leurs enfans à naître, foit par les con-joints même, ou par les afcen-dans, ou parens collatéraux, mê-me par les Etrangers ; lefquelles

Donations ne pourront être attaquées ni déclarées nulles sous
prétexte de défaut d'acceptation.

---

1. L'Ordonnance en déclarant valables les Donations faites dans un Contrat de mariage aux enfans à naître, quoique non acceptées, décide une question fort agitée par les Auteurs. Les uns vouloient qu'on ne distinguât point les enfans à naître, des personnes mariées, les autres soutenoient le contraire. Notre article met les uns & les autres dans la même classe.

2. Au Parlement de Paris, on jugeoit que l'acceptation des Donations faites en contrat de Mariage n'étoit pas de rigueur quand les Parties étoient présentes. *Bibliot. de Bouchel. Verb. Donat. le Prêtre, Cent. Ire. chap. 43. & 44. Louet & Brod. lett. D.* Au Parlement de Toulouse, on jugeoit la même chose, Arrêt du 12 Janvier 1624.

Voir les Arrêts que cite Ricard, première partie, *nomb 876. & suiv.*

De l'acceptation des Donations faites à des enfans à naître, ou à des perfonnes chargées de fubftitution.

Donations ne pourront être attaquées ni déclarées nulles sous
prétexte de défaut d'acceptation.

---

1. L'Ordonnance en déclarant valables les Donations faites dans un Contrat de mariage aux enfans à naître, quoique non acceptées, décide une quéstion fort agitée par les Auteurs. Les uns vouloient qu'on ne distinguât point les enfans à naître, des personnes mariées, les autres soutenoient le contraire. Notre article met les uns & les autres dans la même classe.

2. Au Parlement de Paris, on jugeoit que l'acceptation des Donations faites en contrat de Mariage n'étoit pas de rigueur quand les Parties étoient présentes. *Bibliot. de Bouchel. Verb. Donat. le Prêtre, Cent. Ire. chap. 43. & 44. Louet & Brod. lett. D.* Au Parlement de Toulouse, on jugeoit la même chose, Arrêt du 12 Janvier 1624.

Voir les Arrêts que cite Ricard, première partie, *nomb 876. & suiv.*

De l'acceptation des Donations faites à des enfans à naître, ou à des personnes chargées de substitution.

1. **L**E Droit Romain est conforme à l'Ordonnance.
2. Jurisprudence du Parlement de Paris.
3. Jurisprudence du Parlement de Toulouse.
4. Le Donateur peut-il de concert avec le premier Donataire révoquer la Donation?
5. Sentiment de Ricard.
6. Discussion de ce sentiment.
7. Esprit de l'Ordonnance.
8. Analyse de l'Article.
9. Argument tiré de l'Ordonnance sur les substitutions.
10. Inconvéniens de l'opinion de Ricard.
11. Raisonnemens de M. Furgole pour fortifier celui de Ricard.
12. Réfutation, par l'Ordonnance.
13. Par les Loix Romaines.
14. Le Donateur peut-il revoquer avant l'acceptation de la Donation qui vaut sans acceptation?
15. Que la négative n'est pas douteuse.

15. *Des Donations faites à dès enfans nés & à naître hors le contrat de mariage.*

Lorsqu'une Donation aura été faite en faveur du Donataire & des enfans qui en naîtront, ou qu'elle aura été chargée de substitution au profit desdits enfans, ou autres personnes nées ou à naître, elle vaudra en faveur desdits Enfans ou autres personnes par la seule acceptation dudit Donataire, encore qu'elle ne soit pas faite par contrat de mariage, & que les Donateurs soient des Collatéraux ou des Etrangers.

DROIT ROMAIN.

1. LA Loi 3. *cod. de Donationibus quæ sub modo.* porte une disposition semblable à celle de note article. *Quoties donatio ita conficitur, ut post tempus id quod*

*donatum eſt alii reſtituatur . . . . divi
principes ei qui ſtipulatus non ſit utilem
actionem juxta Donatoris voluntatem com-
petere admiſerint : actio quæ Sorori tuæ, ſi in
rebus humanis ageret, competebat, tibi acco-
modabitur.*

JURISPRUDENCE.

2. AU Parlement de Paris on jugeoit que la Donation entre-vifs acceptée par le premier Donataire valoit en faveur de celui auquel il étoit obligé de rendre. Arrêt du 10 Avril 1663. Journ. des Aud.

3. Le Parlement de Touloufe jugeoit valables les Donations faites à des enfans nouvellement nés, quoiqu'elles ne fuffent point acceptées. *Catellan, lib. 5. ch. 55.*

OBSERVATIONS.

4. LES Auteurs font divifés fur la queſtion de fçavoir fi le Donateur de concert avec le premier Donataire peut révoquer la Donation à l'égard des autres.

5. Ricard décide pour l'affirmative & l'Auteur des obfervations fur l'Ordonnance que nous conferons, a fuivi le même avis dans fes queftions.

6. Quelque respectable que soit l'autorité de Ricard dans ces matieres, on peut cependant ajouter aux raisons de ceux qui soutiennent l'opinion contraire, les argumens qu'on peut tirer de notre article & de l'esprit de l'Ordonnance en général.

7. L'intention du Législateur a été de prescrire les Regles les plus certaines pour assûrer l'exécution des Donations, & pour les rendre irrévocables, quand elles sont une fois revêtues des formalités nécessaires. Il faudroit cependant tenir pour principe, en suivant l'opinion de Ricard, qu'une Donation faite à plusieurs Donataires en dégré subordonné, dépend de la volonté du Donateur & du premier Donataire, au moyen de quoi les Donations de cette espéce n'auroient plus ce caractere si essentiel à un Acte de cette importance ; elles ne seroient plus inébranlables, & il subsisteroit des Donations telles que celles qui sont faites au Donataire & à ses enfans nés & à naître, dont l'exécution dépendroit du Donateur & d'un tiers, qui pourroient à leur gré changer le sort d'une personne qui auroit un droit acquis sur les biens donnés, telle par exemple que l'enfant né avant la révocation.

8. Ce raisonnement se fortifie encore quand on examine les termes dans lesquels notre article est conçu ; car il veut que l'ac-

ceptation du premier Donataire profite à ceux qui le fuivent, que par rapport à eux la Donation vaille par la feule acceptation du premier Donataire ; cette acceptation rend donc la Donation parfaite de tous points : Si elle eft effentiellement parfaite, elle eft donc irrévocable à tous égards, fi ce n'eft dans le cas expreffement autorifé par les Loix ; or, la révocation en queftion ne peut être comptée parmi les caufes de révocation légale ; il faudroit donc tenir pour conftant que le Donateur & le Donataire ne peuvent pas, *ad nutum*, enlever à un tiers un droit qui lui a une fois été légitimement acquis. Le premier Donataire n'eft en effet que le canal par le moyen duquel les biens donnés doivent paffer aux autres Donataires : Il ne doit être regardé que comme l'inftrument & non pas comme l'Auteur de la libéralité & de l'acceptation ; il n'a pas même, à proprement parler, la propriété des biens donnés, il n'en eft que le *Fidei-Commiffaire* : Pourquoi feroit-il donc en droit d'en difpofer auffi fouverainement ? Ce n'eft pas pour lui feul qu'il a acquis : il a fait le bien des Donataires qui le fuivent ; il a été *negotiorum geftor* à leur égard, & leur Procureur légal. Il peut renoncer pour ce qui le concerne au bénéfice de la Donation, mais dès que son acceptation a rendu l'Acte irrévocable par rapport aux autres Donataires, le fort de ceux-ci ne doit plus dépendre du sien ni de sa volonté. *Hæc proprie Donatio appellatur cum dat aliquis, ut statim velit accipentis fieri, nec ullo casu ad se reverti.*

9. L'on peut encore appuyer ces raisonnemens par la disposition de l'article 11. du titre premier de l'Ordonnance concernant les substitutions qui porte que les substitutions faites par un contrat de mariage ou par une Donation entre-vifs, ne pourront être révoqués, ni les clauses d'icelles changées, augmentées ou diminuées par aucune convention ou disposition postérieure même du consentement du Donataire. L'on peut même assurer que cet article décide nettement la question : d'autant qu'il ne peut concerner qu'une Donation telle que celle comprise dans l'article que nous conferons.

Il n'y a point de substitution dans ce cas sans Donation, & ce que les Ordonnances décident pour l'une de ces matieres doit avoir une application nécessaire à l'autre.

10. Il y auroit même un inconvénient considérable dans la pratique de l'opinion de Ricard : C'est que le premier Donataire pourroit, de concert avec le Donateur, annuler la Donation faite à la charge de rendre,

rendre, pour la rendre pure & fimple à fon profit.

Cet inconvénient deviendroit encore plus confidérable fi la Donation avoit été faite dans un contrat de mariage au futur & aux enfans qui naîtroient de lui. La famille de la femme qui pourroit n'avoir confenti au mariage que dans l'efperance de voir profiter les enfans de la Donation, fe verroit fruftrée de cet avantage : les claufes d'un contrat de mariage fe trouveroient changées, & peut-être les enfans d'un premier lit fé verroient-ils privés d'une efpérance qu'ils croyoient certaine, & ceux d'un fecond lit feroient enrichis de leurs dépouilles. Car il n'eft pas douteux que, fi le premier Donataire de concert avec le Donateur peut révoquer, *ad nutum*, la Donation, les biens étant une fois dégagés, le Donateur peut les donner de nouveau à qui bon lui femble, foit que la Donation révoquée ait été faite par contrat de mariage ou autrement. Les inconvéniens qu'entraîneroit le fentiment que nous combattons, fe joignent donc aux raifons tirées de l'Ordonnance pour le faire réprouver.

11. M. Furgole, pour appuyer le fentiment des Auteurs qui tiennent le parti contraire dit, *n.* 36. qu'on ne peut pas

disconvenir que la charge de rendre à un tiers abfent impofée au premier Donataire ne foit une Donation au profit de l'abfent ; cela pofé, ajoute-t'il , n'eft - il pas clair qu'elle doit fe regler tout de même que les autres Donations , que les Ordonnances déclarent nulles fi elles ne font pas accep-tées & ne pouvoir produire d'effet que du jour de l'acceptation , & par conféquent il faut appliquer ici ce que l'on a dit des Donations faites à un tiers abfent.

12. Rien n'eft plus contraire aux termes mêmes de notre texte qu'un pareil raifon-nement. Il fuppofe bien clairement que l'acceptation faite par le premier Donataire n'eft rien à l'égard des autres , & qu'elle ne peut produire aucun effet en leur faveur ; enforte que M. Furgole regarde comme non acceptée à l'égard des autres Donataires une Donation qui l'aura été pour eux par le premier. Il eft clair qu'une pareille idée n'eft pas jufte , puifque notre article dit expreffément que la Donation vaudra en faveur des Donataires fubordonnés , par la feule acceptation du premier Donataire. On ne peut donc pas dire que dans ce cas il n'y ait point d'acceptation à leur égard , puifque la loi donne un pouvoir fuffifant au premier Donataire d'accepter pour tous

ceux qui doivent profiter de la Donation.
La raison de M. Furgole d'ailleurs prouveroit trop si elle étoit vraye ; elle prouveroit que dans les Donations faites à des
Donataires subordonnés , il n'y auroit
jamais d'acceptation , & qu'elles ne seroient irrévocables à leur égard qu'après
la mort du Donateur ; ce qui ne peut pas
être.

13. Tous les raisonnemens que M. Furgole tire des Loix Romaines qu'il rapporte
ne peuvent servir à la décision de la question , depuis que nous avons dans l'Ordonnance, des Regles nouvelles & toutes contraires , par rapport à l'acceptation , à celles
prescrites par le Droit Ecrit. Il a travaillé
sur l'Ordonnance & ce n'étoit que de l'esprit
& de la lettre de l'Ordonnance qu'il falloit
tirer les raisons de décider plusieurs questions qu'il a décidées par des regles de Droit
Romain.

14. Au n. 31. & suiv. de cette question
le même Auteur agite celle de sçavoir si
le Donateur peut révoquer avant l'acceptation la Donation qui vaut sans acceptation.

Il ne peut pas y avoir de question à cet
égard, dès que l'acceptation n'est pas nécessaire pour faire valoir la Donation , il

est certain que la Donation vaut sans acceptation , & que dès que la Donation
est faite elle est irrévocable. Cette décision
ne peut regarder uniquement que les Donations par contrat de mariage , puisque
généralement toutes les autres sont assujetties à la nécessité de l'acceptation , aux termes de notre article. Celles faites au Donataire & à ses enfans nés ou à naître doivent être acceptées par le premier Donataire , sans quoi elles ne pourront produire
d'effet ; car il ne faut pas croire que parce
l'article dit qu'elles vaudront par la seule
acception du premier Donataire elles soient
exemptes d'être acceptées aux termes de
l'article 5. & des suiv.

16. Au reste M. Furgole parle contre la
lettre & le vœu de l'Ordonnance , lorsqu'il
dit que les Donations faites hors le contrat de mariage à des enfans nés ou à naître
peuvent valoir sans acceptation , si le Donateur a persévéré dans la même volonté ,
& ne les a point révoquées avant sa mort.
Les enfans dont parle cet Auteur ont des
ascendans ou ils n'en ont point ; s'ils en
ont : ces ascendans doivent accepter les
Donations aux termes de l'article 7. s'ils
n'en ont point, il faut leur faire créer un
Curateur ou Tuteur pour accepter pour eux;

ans quoi la Donation ne pourra avoir au-
un effet, quand même elle n'auroit pas
été révoquée : c'est une vérité fondée sur
le texte précis de notre Ordonnance qui
veut qu'au moins elle soit acceptée par les
enfans déja nés, & qu'elle ne soit valable à
l'égard des autres que lorsque les premiers
auront rempli cette formalité essentielle.

ARTICLE DOUZIEME.

L'acceptation du premier Donataire
vaut pour les autres.

1. RENVOI aux observations faites sur
l'article précédent.

Voulons pareillement qu'en cas qu'une Donation faite à des enfans
nés & à naître ait été acceptée
par ceux qui étoient déja nés dans
le tems de la Donation ou par
leurs Tuteurs ou autres dénommés
dans l'article sept , elle vaille même à l'égard des enfans qui naîtront dans la suite , nonobstant
le défaut d'acceptation faite de
leur part, ou pour eux, encore
qu'elle ne soit pas faite par contrat de mariage & que les Donateurs soient des collateraux ou des
Etrangers.

1. ON peut appliquer à cet article tout ce que nous avons dit fur le précédent ; ainſi nous ne repeterons rien ici.

ARTICLE TREZIE'ME.

L'acceptation n'eſt pas néceſſaire dans les inſtitutions contraĉtuelles ou diſpoſitions à cauſe de mort, faites dans un Contrat de mariage.

1. LES Inſtitutions contraĉtuelles ſont contraires à l'eſprit du Droit Romain.
2. Elles le ſont également à l'eſprit du Droit Coutumier.
3. Que l'acceptation n'eſt pas néceſſaire dans les inſtitutions contraĉtuelles.
4. Suivant M. Furgole les inſtitutions contraĉtuelles peuvent ſe faire par d'autres Aĉtes que le Contrat de Mariage.
5. Raiſons contraires aux ſiennes.

Les Inſtitutions contractuelles & les diſpoſitions à cauſe de mort qui ſeroient faites dans un Contrat de Mariage , même par des collatéraux ou par des étrangers , ne pourront être attaquées par le défaut d'acceptation.

DROIT ROMAIN.

1 LES Romains étoient ſi jaloux de leur liberté, & fuyoient tellement tout ce qui pouvoit y donner la moindre atteinte que leurs Loix ne leur permettoient pas de diſpoſer pendant leur vie irrévocablement de tous leurs biens. Ils vouloient conſerver cette liberté juſques après leur mort & regner dans le tombeau en diſpoſant ſouverainement de leurs biens par Teſtament. Ainſi les inſtitutions contractuelles étoient chez eux inuſitées.

2. Elles ne ſont pas plus conformes à notre Droit Coutumier ; mais par une raiſon bien différente : L'eſprit des Coutumes

ſt de reconnoître des Héritiers néceſſaires, & de ne pas laiſſer à la volonté des hommes le choix d'autres héritiers. Mais la faveur dûe aux contrats de mariage l'a emporté en France, tant dans les pays de Droit Ecrit que dans les pays Coutumiers, & les inſtitutions contractuelles y ſont par tout en uſage, excepté dans la Coutume de Berri qui ne les permet que pour certains biens.

OBSERVATIONS.

3. **L**ES Articles précédens n'ayant excepté de la néceſſité de l'acceptation, uniquement que les Donations entre-vifs, faites en contrat de mariage, on auroit pû douter s'il en devoit être de même des inſtitutions contractuelles & des diſpoſitions à cauſe de mort qu'on peut inférer dans ces contrats. Notre article prévient cette difficulté & les aſſimile à cet égard aux Donations entre-vifs, faites en contrat de mariage.

L'Auteur des Obſervations ſur cet Article, dit que les inſtitutions contractuelles peuvent être faites par un autre Acte que par le contrat de mariage, pourvû qu'il précéde la célébration, & qu'il ait le mariage pour objet.

6. Cependant nos meilleurs Auteurs décident qu'une des conditions essentielles aux institutions contractuelles, est qu'elles soient faites par contrat de mariage, comme le seul Acte qui soit susceptible d'une convention si contraire aux principes du Droit Ecrit & du Droit Coutumier. *Argou. tit.* 2. *pag.* 270. *& suiv.* Le Brun, Traité des Successions, *liv.* 3. *chap.* 2. *nomb.* 2. Boucheul, Traité des conventions de succéder, *parge cinquiéme* & les Auteurs qu'il cite. Les Coutumes de Bourbonnois & d'Auvergne, en portent une disposition expresse.

Il y a plus, si, comme le dit l'Auteur que nous combattons, les institutions contractuelles pouvoient subsister dans d'autres Actes que les contrats de mariages, par la seule considération qu'elles ont le mariage pour objet ; il faudroit dire par identité de raison que toutes les clauses extraordinaires qu'on ne tolere que dans les contrats de mariages pourroient être insérées dans tous les autres Actes, pourvû qu'ils fussent relatifs au mariage ; or, c'est une prétention qui résiste en même tems à l'esprit & à la lettre de l'Ordonnance, qui en exemptant les contrats de mariage de plusieurs formalités, a pris soin d'avertir que l'exception étoit limitée à ce seul Acte, c'est ce que prouvent l'article 10. qui n'excepte de la regle générale pour l'acceptation, que les Donations faites en contrats de mariage, & l'article 19. fur la néceffité de l'infinuation ; l'Article premier de la Déclaration du Roi fur les infinuations des Donations y affujettit même celles faites par contrat de mariage, lorfqu'elles ne feront pas faites en ligne directe. Voilà donc une preuve bien certaine que le Légiflateur a fçu diftinguer les fimples Actes relatifs au mariage, du contrat de mariage, & que hors ce dernier il a voulu que tous les autres, même les Donations faites en faveur de mariage fuffent affujetis à la regle générale ; il n'y a donc que ce feul Acte où l'on puiffe inférer une claufe auffi extraordinaire que l'inftitution contractuelle.

On pourroit encore pour appuyer ce fentiment tirer avantage des difpofitions portées par l'Article 15. & 17. de notre Ordonnance, qui ne permettent de faire des Donations de biens préfens & à venir que dans ces Actes feulement & le défendent dans tous les autres, les inftitutions contractuelles font à beaucoup d'égards affimilées par les Auteurs aux Donations entre-vifs de biens préfens & à venir : ainfi elles doivent fe regler par les mêmes maximes ; or, on ne peut pas dire que les Donations de biens préfens & à venir foient permifes en d'autres Actes qu'en contrat de mariage, & par conféquent, &c.

Enfin pour que l'opinion de M. Furgole pût avoir lieu, il faudroit que les Donations à caufe de mort qui font comprifes avec les inftutions contractuelles dans l'article que nous conferons, puffent être faites en d'autres Actes entre-vifs que les contrats de mariage, c'eft ce qui n'eft plus foutenable depuis que l'article 3. de l'Ordonnance ne les laiffe fubfifter que dans les contrats de mariage, & veut qu'elles ne puiffent être faites autrement qu'en la forme des Tefta-mens.

De ce que nous venons de dire que les Auteurs ont affimilé les inftitutions contractuelles aux Donations de biens préfens & a venir ; il ne faut pas en conclure qu'elles leur reffemblent à tous égards ; ni dire comme l'a fait Boutaric, dans fes obfervations fur cet article, qu'elles n'en différent que de nom : car, il y a entre ces deux formes de difpofer des différences effentielles & qui n'ont pas échappé à la pénétration de Ricard.

En effet par l'inftitution contractuelle, l'héritier inftitué ne fuccéde pas feulement aux biens du défunt ; mais il repréfente auffi fa perfonne comme le feroit un héritier Teftamentaire, au lieu que le Donataire quoique univerfel ne profite que des biens : en forte qu'à cet égard les principes qu'on peut appliquer aux inftitutions contractuelles ne peuvent fervir d'argument ni d'autorité pour les Donations de biens préfens & à venir. Par l'inftitution contractuelle, l'Inftituant ne donne pas actuellement comme dans la Donation entre-vifs : Il ne laiffe que fa fucceffion en l'état qu'elle fe trouvera à fon décès ; au lieu que dans la Donation entre-vifs le Donataire eft rendu propriétaire à l'inftant de la Donation des biens préfens , & des biens à venir à l'inftant qu'ils font acquis au Donateur,

ARTICLE QUATORZIEME.

Le défaut d'acceptation pourra être opposé à toute sorte de personne sans aucune exception.

---

1. *LES Loix Romaines different de cet Article de l'Ordonnance.*

2. *Que l'Article est conforme aux vrais principes de la matiere.*

Les Mineurs, les interdits, l'Eglise & les Hôpitaux, les Communautés, & autres qui jouissent des Priviléges des Mineurs ne pourront être restitués contre le défaut d'acceptation des Donations entre-vifs, le tout sans préjudice du recours tel que de droit desdits Mineurs ou Interdits contre leurs Tuteurs ou Curateurs, & desdites Eglises,

Hôpitaux, Communautés ou autres jouiſſans des Priviléges des Mineurs contre les Adminiſtrateurs, ſans qu'en aucun cas la Donation puiſſe être confirmée, ſous prétexte de l'inſolvabilité de ceux contre leſquels ledit recours pourra être exécuté.

DROIT ROMAIN.

1. **L**ES Loix Romaines n'étoient pas ſi rigides que notre article, car elles accordoient aux Mineurs la reſtitution, non-ſeulement lorſqu'ils ſouffroient quelque perte, mais encore lorſqu'ils manquoient à gagner. *Non omnia quæ minores annis 25. gerunt irrita ſunt, ſed ea tantum quæ cauſa cognita ejus modi deprehenſa ſunt, vel ab aliis circonventi, vel ſuâ facilitate decepti, aut quod habuerunt, amiſerunt, aut quod acquirere emolumentum potuerunt, amiſerunt, aut ſe oneri quod ſuſcipere licuit, obligaverunt. L.* 44. D. de minor. la loi 7. 5. 6. au même titre porte la même diſpoſition. *Hodie certo jure utimur ut in lucro minoribus ſuccuratur.*

Voyez ce que nous avons dit ſur l'Article 7.

OBSERVATIONS.

2. QUelques rigoureuses que paroissent les dispositions contenues dans cet article. Il est certain qu'elles sont conformes aux vrais principes de la matiere. Les meilleurs Auteurs l'avoient déja décidé, & les raisons de leur décision étoient tirées de ce qu'il est essentiellement nécessaire à la perfection d'une Donation, qu'elle soit acceptée valablement ; que quand cette solemnité manque il n'y a point de Donation. La Jurisprudence des Arrêts étoit fondée sur les mêmes principes, & nous trouvons dans Ricard, premiere partie, *n.* 843. un Arrêt célébre qui a fixé tous les doutes à cet égard. Cet Arrêt, sans s'arrêter aux Lettres obtenues par le mineur pour être relevé de ce que sa mere qui avoit accepté pour lui une Donation faite à son profit, n'avoit pas signé l'Acte d'acceptation, ni déclaré ne sçavoir signer, & pour être reçu à faire preuve qu'elle ne l'avoit pû signer a confirmé la Sentence rendue par le premier Juge qui avoit déclaré la Donation nulle & après la prononciation de cet Arrêt qui est du 7. Septembre 1603. M. le Premier Premier du Harlai avertit les Avocats que l'acceptation est tellement de

l'essence

l'essence de la Donation que les Mineurs même n'en peuvent pas être relevés, & qu'encore qu'il y eût eu des Arrêts précédens, contraires pour la diversité des opinions, celui-ci devoit servir de regle à l'avenir, pour avoir examiné les raisons de part & d'autre, ayant été donné après avoir demandé l'avis à toutes les Chambres.

ARTICLE QUINZIEME.

Donations de biens préfens & à venir abrogées. Formalités des Donations d'Effets mobiliers non fuivies de tradition réelle.

1. *Combien les Donations de biens préfens
& à venir étoient contraires aux principes.*

2. *Qu'elles étoient contraires à ceux du Droit
Romain.*

3. *Et à ceux du Droit Coutumier.*

4. *Coutume du Bourbonnois fur ces Donations.*

5. *Diverfité des Arrêts fur cette matiere.*

6. *Dernier état de la Jurifprudence du Parlement de Paris.*

7. *Néceffité d'une loi fur cette matiere.*

8. *Qu'il y avoit cependant des principes certains qui devoient en tenir lieu.*

9. *Pourquoi les Loix ont permis aux hommes
de donner plus entre-vifs, que par Donation à caufe de mort.*

10. *Si la Donation de biens préfens & à venir*

Aucune Donation entre - vifs ne pourra comprendre d'autres biens que ceux qui appartiendront au Donateur dans le tems de la Donation, & si elle renferme des Meubles ou Effets mobiliers dont la Donation ne contienne pas une tradition réelle, il en sera fait un état signé des Parties qui demeurera annexé à la minute de la dite Donation, faute de quoi le Donataire ne pourra prétendre aucuns desdits meubles ou effets mobiliers, même contre le Donateur, ou ses Héritiers. Défendons de faire doresnavant aucune Donation de biens présens & à venir, (si ce n'est dans le cas ci-après marqué) à peine de nullité desdites Donations, même pour les biens présens ; & ce encore que le Donataire eût été mis en poflefsion du vivant du Donateur defdits biens préfens, en tout ou en partie.

DROIT ROMAIN.

1. L'Ordonnance ne contient point de difpofition plus conforme aux vrais pincipes de la matiere que celle de notre article par laquelle les Donations de biens préfens & à venir font abrogées.

2. En effet ces Donations étoient également contraires aux maximes du Droit Romain & à celles du droit Coutumier. Le Droit Romain ne veut pas que les hommes s'otent la liberté de tefter. A Rome c'étoit une efpece d'infamie de mourir, *ab inteftat*, les Romains aimoient mieux fe choifir pour héritiers leurs Efclaves. *De l'Efprit des Loix*, *tom. 2. liv. 29. ch.* 8. On fent aifément que les Donations de biens préfens & à venir les auroient mis dans la néceffité de mourir fans tefter.

3. Les Coutumes refervent une portion de biens aux Héritiers du fang, & ne permettent pas aux hommes de difpofer par

Teſtament d'une auſſi conſidérable partie de leur fortune que par Donation entre-vifs ; & les Donations de biens préſens & à venir pouvoient donner & donnoient en effet le plus ſouvent atteinte à ces deux diſpoſitions.

L'exception par laquelle les interprêtes du Droit Civil ont admis les Donations de tous biens préſens & à venir, confirme encore ce que nous venons de dire : car il ne les ont admiſes qu'à condition que le Donateur ſe feroit réſervé la faculté de diſpoſer d'une partie de ſon bien, par exemple d'un vingtiéme ; enſorte que ces Donations avec cette réſerve n'étoient point des Donations univerſelles, & ſe trouvoient reſtreintes à de certaines bornes ; mais cette limitation imaginée par les Auteurs n'empêchoit pas qu'il ne ſubſiſtât dans ces contrats un défaut eſſentiel, ils ne pouvoient contenir de tradition de Droit ni de fait, feinte ni réelle, puiſqu'ils comprenoient des biens qui n'appartenoient pas au Donateur.

Pour connoître l'uſage des Pays de Droit Ecrit, il faut voir les Arrêts cités par M. La Roche-Flavin. *Liv. 6. ch.* 40. *art.* I. 22. *&* 23. Mainard, *liv.* 2. *ch.* 93. *&* Cambolas, *liv. ch.* 35.

COUTUMES.

4. **Q**Uelques Coutumes ont parlé des Donations de biens préfens & à venir. Celle de Bourbonnois, article 210. & celle de Berry les rejettent. Celle d'Auvergne voifine des Pays regis par le Droit Ecrit les admet, *art. 22. ch. 14.* aux mêmes conditions que le Droit Ecrit ; c'eſt-à-dire ſi le Donateur s'eſt réfervé une certaine fomme pour en difpofer. Celle de Sedan ne les admet que pour les biens dont le Donataire fe trouvera en poffeffion lors de la mort du Donateur. Dumoulin, fur l'article 160. n. 5. veut qu'elles n'ayent lieu qu'en cas qu'elle foit confirmée par un Teſtament. *Si dicat quæ habebit tunc in habitu, vendicari nequeunt futuri acqueſtus. Sed an valeat ut Teſtamentum ? Reſpondi quod non per hanc confuetudinem ideo opus eſt ut confirmetur Teſtamento.*

Chaffanée dans fon Confeil, 50. n. 2. rejette également les Donations de biens à venir.

J U R I S P R U D Æ N C E.

5. **L**A diverſité des Arrêts intervenus ſur cette matiere en Pays Coutu-mier prouve combien difficilement on ſe fixe à une maxime conſtante, dès qu'on s'écarte des vrais principes.

M. Louet, lettre *D. n.* 10. & Choppin ſur la Coutume d'Anjou, *liv.* 3. *ch.* 2. *tit.* 3. rapporte un Arrêt ſolemnel qui confir-me la Donation faite par Marie Verforis, à Jean Loynes des meubles qu'elle auroit à ſon décès.

Ricard, *n.* 987. *I. part.* en rapporte plu-ſieurs autres qui ont encore différemment jugé la queſtion. Le premier, du 2 Mars 1608. confirme une Donation univerſelle des biens préſens & à venir, meubles & immeubles, par rapport aux meubles & acquets, & qui apointe les parties à l'é-gard des propres.

Le ſecond, du 2 Avril 1610. a jugé que l'on pouvoit donner tous les meubles qu'on auroit au jour de ſon décès, & que le Donateur n'en pouvoit diſpoſer au pré-judice de la Donation.

M. Louet, lettre D. *n.* 10. cite un Arrêt du 4 Janvier 1642. qui convertit une Donation de meubles & acquets qui exiſteront au jour de la mort du Donateur en Donation à cauſe de mort, & qui la rend par-là ſuſceptible des mêmes retranchemens que les Teſtamens.

Le troiſiéme Arrêt que Ricard rapporte eſt du 31 Mai 1651. il déclare valable une Donation de biens préſens & à venir, quoique M. l'Avocat Général, Bignon eût fait voir que de pareilles Donations étoient contraires aux principes de la matiere.

La queſtion s'étant préſentée le 27 Juin 1656. M. l'Avocat Général Talon établit la même Doctrine, & cependant l'affaire ne fut pas jugée, mais appointée.

Enfin le même auteur cite un Arrêt du 2 Juillet 1659. qui non-ſeulement confirme la Donation des biens préſens & à venir ; mais encore adjuge au Donataire une rente dont le Donateur s'étoit reſervé la diſpoſition, à condition qu'elle demeureroit au profit du Donataire, ſi le Donateur mouroit ſans en avoir diſpoſé. Mais, obſerve Ricard, la Donation avoit été confirmée par un Teſtament : Circonſtance totalement indifférente, elle ne peut influer à aucun égard ſur la validité de la Donation qui doit ſubſiſter par elle-même.

On trouve au Journal des Audiences un Arrêt du 20 Janvier 1626. qui juge que

la Donation des biens préſens & à venir
étoit valable lorſque le Donataire déclaroit
vouloir s'en tenir aux biens qui appartenoient au Donateur lors de la Donation.

6. Malgré tant de variation dans les jugemens on peut cependant aſſurer que ſuivant le dernier état de la Juriſprudence
du Parlement de Paris, les donations de
biens préſens & à venir étoient déclarées
nulles, deux Arrêts célébres le prouvent.

Le premier, rendu en forme de Re-
glement eſt du 3 Février 1713. Jean-Bap-
tiſte Guimier avoit fait à Françoiſe Cotte
une Donation de tous les biens, meubles,
acquets, conquets, propres & autres de
quelque nature qu'ils fuſſent, à quelques
ſommes qu'ils puſſent monter, & dans quelque lieux qu'ils fuſſent ſitués, ſans aucune
réſerve, qui ſe trouveroient appartenir au
Donateur au jour de ſon décès.

Cette donation fut attaquée par les héritiers du Donateur : elle fut confirmée
par une Sentence du Châtelet ; mais la
Cour infirma la Sentence, déclara la Donation nulle, condamna le Donataire à ſe
déſiſter des biens, avec reſtitution des fruits,
& ordonna que l'Arrêt ſeroit lû & publié
au Châtelet, l'Audience tenante.

Le ſecond Arrêt eſt du 31 Août 1716.
Alexandre Fouchier avoit fait en faveur de

fa niéce une Donation de tous biens préfens , & qui lui appartiendroient au jour de fon décès.

Cette Donation fut attaquée , l'Arrêt qui intervint ordonna que , fans s'arrêter à la Donation, les biens feroient partagés en la maniere accoutumée.

OBSERVATIONS.

1. **T**Ant de différence,& des contradictions fi marquées dans les jugemens qui ont été rendus fur la mêmme queftion font de fûrs garands de la néceffité qu'il y avoit de fixer la Jurifprudence à cet égard , non-feulement d'un même Tribunal mais de tous les Tribunaux du Royaume , puifque les mêmes principes doivent les conduire fur cette matiere.

8. Ces principes , comme nous l'avons déja dit , font communs aux païs Coutumiers. Deux chofes conftituent l'effence de la Donation , le défaififfement actuel du Donateur , & l'irrévocabilité de la difpofition.

Le défaififfement actuel du Donateur , c'eft-à-dire la tradition feinte ou réelle de droit ou de fait ne peut pas fe rencontrer dans une Donation de biens à venir, & qu'on aura à fon décès, puifqu'il eft clair qu'on ne peut pas fe défaifir d'un effet qui n'eft pas à nous *non videntur enim data quæ eo tempore quo dantur, accipentis non fiunt. De regul. jur. 167. at si Donatio,* dit M. Cujas sur la loi 35. *cod. de Donationibus, perficiatur traditione corporali ut voluit consistere rerum futurarum Donationem, quia rerum quæ nundum sunt nulla fieri potest traditio.* L'irrévocabilité ne peut pas non plus s'y trouver puisqu'il reste toujours au Donateur la faculté de rendre la Donation inutile, & sans effet, étant libre de faire telles aliénations qu'il lui plaira ; du moins suivant l'opinion de bien des auteurs.

Il manque d'ailleurs à une pareille Donation un de ses caracteres le plus essentiels ; c'est que par une donation le Donateur doit non-seulement dépouiller son héritier, mais se dépouiller lui-même actuellement, & c'est ce qui fait la différence de la Donation entre-vifs de celle à cause de mort. *Mortis causâ Donatio est cum quis habere se mavult quam eum cui donat, magisque eum qui donat quam heredem suum.*

Or, par la Donation des biens à venir le Donateur ne se dépouille point, & par conséquent il étoit d'autant plus important de proscrire les Donations de biens présens & à venir ou de tous ceux qui se trouveroient à la mort du Donateur, que par ces Donations les hommes vouloient éluder une des loix principales du droit coûtumier, qui eſt la réſerve d'une certaine portion de biens aux héritiers du ſang. Car ces donations, quoique conçues entre-vifs, avoient cependant le même effet, & même un effet plus étendu que les diſpoſitions de derniere volonté, c'eſt-à-dire, qu'elles tranſmettoient la ſucceſſion généralement de tous les biens au préjudice des héritiers légitimes. On s'explique.

9. Ceux qui croyent le mieux entendre l'eſprit du droit François, prétendent que la raiſon de la différence qui ſe trouve entre la liberté de diſpoſer par Donation, & celle de donner par teſtament, par rapport à la quantité & à la qualité des biens eſt tirée de ce qu'on a craint la facilité que les hommes ont à donner par teſtament des biens qu'il n'eſt pas en leur pouvoir de retenir ; c'eſt pourquoi on ne leur en a laiſſé la diſpoſition que juſqu'à une certaine partie ; afin que la famille ne fût pas totalement privée des droits que la nature & le ſang lui donnoient ſur ces biens ; mais comme on a penſé que les hommes ne ſe dépouilloient pas auſſi facilement eux-mêmes qu'ils font leurs héritiers, on leur a laiſſé, dans la plûpart des Coutumes, la liberté de diſpoſer de la totalité de leurs biens par donation entre-vifs, parce qu'on ſçavoit qu'il étoit de l'eſſence de la Donation que le

Donateur se défaisit actuellement & effecti-vement de la propriété de ce qu'il don-noit, & que ce contrat étoit de sa nature irrévocable. C'est le désaisissement actuel du Donateur & l'irrévocabilité de sa dis-position qui ont rassuré les Législateurs à l'égard des Donations entre-vifs, & qui les ont déterminé à laisser à la volonté des hommes une entiere liberté à cet égard; mais quoique la Donation de biens a venir, & qui se trouveront au jour du décès du Donateur n'ait point ces caractères essentiels, puis-qu'il n'y a ni désaisissement ni irrévocabilité quoiqu'elle ne dépouillât pas le Dona-teur de son vivant, elle avoit cependant le même effet que la Donation entre-vifs : elle rendoit donc les précautions des Lé-gislateurs inutiles, & produisoit précisé-ment les inconvéniens qu'ils ont voulu évi-ter. Ainsi l'article que nous conférons les a abrogées avec justice.

10. Ce même article, en déclarant nulles les Donations de biens présens & à venir, même pour les biens présens, a décidé une question diversement agitée par les Auteurs, & différemment jugée par les Arrêts.

11. M. Duval, dans son Traité, *de rebus dubiis*, *tract.* 2. *n.* 4. est d'avis que la Do-nation ne peut pas se diviser, par la raison que la Donation étant comprise dans un

même Acte, il ne peut pas valoir pour une partie & demeurer fans effet pour l'autre. Cet Auteur pour appuyer fon avis cite la loi, *qui ædes D. de ufu cap.*

12. Ricard après avoir refuté l'application de cette loi, prétend qu'un contrat dans notre ufage peut être bon pour une partie & nul à d'autres égards, & pour le prouver il cite l'exemple d'une Donation dont une partie des difpofitions eft fujette à l'infinuation, & l'autre ne l'eft pas. Si la Donation n'a pas été infinuée par rapport à la partie fujette à cette formalité, elle eft nulle à cet égard, & cependant elle fubfifte pour tout le refte; donc dit cet Auteur, un Acte nul en un point peut fubfifter pour tout le refte, donc un Acte peut être divifé.

13. Les conféquences que Ricard tire de l'exemple que l'on vient de rapportee feroient juftes, fi l'application de ce même exemple pouvoit fe faire au cas dont il eft queftion. Mais il s'en faut bien qu'on puiffe tirer de l'infinuation aucun argument pour la validité de la Donation telle que nous la fuppofons. En effet, l'infinuation eft une formalité extrinfèque de l'Acte, elle n'en eft qu'un acceffoire fans lequel l'Acte de la Donation peut fubfifter & être valable par lui-même; la nullité qui réfulteroit du défaut de l'infinuation ne regarde point le

Donateur ni le Donataire, quant à la faculté qu'ils ont eu, de faire un acte que le seul concours de leurs volontés rend valable : cette formalité ne concerne que les tiers qui peuvent être intéressés dans la Donation: Au contraire le vice qui résulte du défaut de tradition, & de l'impossibilité de donner ce qu'on n'a pas (les biens à venir) infeste la Donation dans son essence, & l'empêche d'être Donation, puisqu'il fait que l'Acte manque d'une partie de la matiere qui en devoit faire l'objet; il est donc juste de déclarer nul pour le tout un acte qui est nul dans son essence, & qui manque d'une de ses parties intégrantes; on ne peut donc tirer aucune conséquence juste de l'exemple d'une solemnité totalement indifférente à la validité absolue de cet acte, & dont le défaut ne peut tomber que sur sa validité relative à des tiers qui n'ont jamais concouru à la confection du contrat.

Ricard qui d'abord s'étoit déclaré contre l'opinion de M. Duval l'admet cependant *n.* 1014. mais avec une condition ; c'est-à-dire, dans le cas seulement où le Donateur auroit stipulé que son intention est que la Donation, si elle ne peut valoir pour le tout, soit du moins valable pour les biens présens ; ensorte que l'on puisse connoître que l'intention du Donateur a été que la Donation fût divisée ; mais cette condition à la bien examiner

miner eſt contraire à la maxime certaine qui défend d'interpréter & de modifier les Actes d'entre-vifs ; & d'un autre côté ſi elle avoit lieu, ce ſeroit nous jetter dans l'arbitraire des interprétations & des équi-polens, qui ſont un des inconvéniens que l'Ordonnance a voulu détruire. Auſſi notre article n'a-t-il eu aucun égard à la diſtinction de Ricard, il a proſcrit la Donation même pour les biens préſens.

M. Boutaric dans ſes obſervations, nous apprend que le Parlement de Toulouſe fit des Remontrances ſur ce que cet article dé-claroit nulles les Donations de biens pré-ſens & à venir, *même pour les biens préſens.* Dans la réponſe qui fut faite à ce Parlement par M. le Chancelier on fit remarquer que la ſéparation de biens que le Parlement vouloit autoriſer étoit contraire aux vrais principes du droit, qui ne veulent pas qu'on puiſſe diviſer un Acte qui auroit été origi-nairement *un* dans l'eſprit des contractans, avec d'autant plus de raiſon que les choſes n'étant plus entieres, lorſqu'on en venoit à cette diſtinction, il n'étoit pas poſſible de ſçavoir ſi elle étoit conforme à l'intention du Donateur ; & qu'enfin la liberté qu'on laiſſoit ci-devant au Donataire d'opter en-tre les biens préſens & ceux à venir, cau-ſoit un nombre de procès.

K

Pour se convaincre des inconvéniens qu'entraînoit la question indécise sur la liberté qu'avoit le Donataire d'abandonner les biens à venir pour s'en tenir aux présens & *vice versâ*, il suffit de lire la question 173. *liv.* 4. de Henrys, on y verra l'embarras où cette liberté jettoit les Auteurs & la diversité des Jugemens qu'elle a occasionné.

15. Il faut mettre dans la classe des Donations de biens présens & à venir, ou qu'on laissera après sa mort, les Donations d'une somme mobiliaire à prendre sur les biens & effets qui se trouveront au décès du Donateur. Tous les principes que nous venons d'appliquer aux Donations de la première espéce doivent l'être également à cette derniere, elle ne peut contenir aucune sorte de tradition, elle dépend absolument de la volonté du Donateur, & il peut la rendre inutile en ne laissant dans la succession aucuns biens sur lesquels la somme donnée puisse se prendre : autre chose seroit s'il étoit stipulé par l'Acte que le Donateur donne actuellement 10000 liv. par exemple, dont il se réseve la jouissance à titre de précaire pendant sa vie, & dont le principal ne pourra être exigé qu'après sa mort, se dessaisissant de tous ses biens jusqu'à concurrence de la somme donnée, consentant

que le Donataire en foit faifi dès actuellement ; dans le cas de cette Donation les
biens du Donateur font dès l'inftant de
l'Acte affectés à cette fomme ; il ne peut les
aliéner qu'à la charge de cette hypotèque,
& le Donataire a un droit irrévocablement
acquis & indépendant de la volonté du Donateur. C'eft l'efpéce de l'Arrêt cité par
Baquet, Traité du Droit d'Aubaine, *ch.*
21. *n.* 5. à la date du 9 Mai 1692.

16. La Sentence des Requêtes du Palais
que cite l'Annotateur de Ricard à la fin
du nombre 1037. pour appuyer les maximes que nous venons d'établir y eft directement contraire, puifque fuivant lui elle
a confirmé une Donation de 6000 livres
à prendre fur les plus clairs effets mobiliers & immobiliers que laifferoit le Donateur à fon décès. Nous venons de prouver
que cette efpèce de Donation réfifte à tous
les principes de la matière, & nous ne re-
levons le peu de juftefle de cette citation
que pour avertir que ce que cet Annotateur a ajouté aux excellens ouvrages de
Ricard ne fait que les défigurer ; fes remarques ne méritent aucune confiance. (*a*)

____

(*a*) Quoique la vérité nous force à porter ce jugement
nous n'aurions cependant peut-être pas ofé nous expliquer
fi clairement, fi le fentiment d'un célébre Jurifconfulte de
nos jours ne nous y avoit autorifé. Voyez la confultation im-

17. M. de Furgole dans ſes Obſervations ſur cet article ne s'eſt donc pas aſſez
défié d'une pareille autorité , lorſqu'il en a
adopté les maximes; & lorſque, les pouſſant
même plus loin que ſon guide n'avoit fait ,
il a ajouté des raiſons nouvelles pour prouver qu'en général & indiſtinctement les Donations d'une ſomme de deniers à prendre
ſur les biens que le Donateur laiſſera après
ſa' mort étoient. valables. L'autorité de
Ferriere ſur la Coutume de Paris , dont il
s'appuie n'eſt guères plus reſpectée par les
connoiſſeurs que celle de l'Annotateur de
Ricard ; & quand tout cela ne ſeroit pas
l'opinion de ces Auteurs n'en ſeroit pas ,
moins contraire aux principes , comme
on peut le voir , par ce que nous avons dit
plus haut , & par la diſtinction que nous
avons faite entre les Donations d'une ſomme
certaine & dont la propriété eſt acquiſe
au Donataire à l'inſtant de la Donation , &
la Donation d'une ſomme de deniers à
prendre ſur les biens qui reſteront après
la mort du Donateur. Enfin il eſt de l'eſſence

primée de M. Bargeton, dans l'affaire de la Princeſſe de
Rohan, *page 32.* « Les additions faites au Traité de
» Ricard , y eſt-il dit, ſont de Denis Simon, Conſeiller au
» Préſidial de Beauvais, & Aſſeſſeur de la Maréchauſſée:
» C'eſt un des plus mauvais Auteurs qui ait jamais écrit. Il
» a gâté les Ouvrages de Ricard, en ſe mêlant d'y faire
» des additions. Tout ce qui eſt de lui ne vaut rien.

ae la Donation que la chofe donnée appartienne au Donataire, de façon qu'il ne puiffe en être privé par le changement de la volonté du Donateur, *Ut ita accipientis fiat, ut nullo modo per difpofitionem contrariam revocetur.* Or, cela ne fe peut pas trouver dans les Donations dont parle l'Annotateur de Ricard & l'Auteur qui l'a fuivi.

18. & 19. M. Furgole, après Julius Clarus, prétend que quand la promeffe de donner eft revêtue des formalités de la Donation, elle vaut comme Donation; ainfi fuppofons que deux hommes ayent paffé un acte par lequel l'un promette à l'autre de lui donner une maifon, fi cet acte eft infinué, accepté & revêtu des autres formalités requifes pour faire valoir une Donation, & que le Donateur foit mort fans avoir effectué fa promeffe, fuivant ces Auteurs le Donataire eft en état de demander aux héritiers la maifon qu'on a promis de lui donner.

20. Une pareille opinion eft auffi contraire aux principes du Droit Ecrit & du Droit Coutumier qu'aux difpofitions de notre Ordonnance.

' Au Droit Romain, parce qu'il n'exige pas moins que le Droit Coutumier que les Donations foient irrévocables : Or, dans

ce cas elles ne le feroient pas , comme
on le prouvera dans un moment ; parce
que fi l'on regardoit les promeffes de donner comme des Donations effectives , on
pourroit par ce moyen éluder toutes
les loix faites pour affujettir les hommes
aux formalités des Teftamens , & cependant une pareille promeffe auroit précifément le même effet qu'un Teftament ! Ce
feroit ouvrir la porte à toutes les fraudes ,
& l'on perfuaderoit aifément à un homme
que cette promeffe , ne l'obligeant à rien de
précis, feroit fans conféquence, & qu'il dépendroit toujours de fa volonté de l'éfec-
tuer. Ce feroit introduire dans la fociété
un troifiéme Acte , une nouvelle forme de
difpofer de fes biens à titre gratuit abfolument inconnue dans le Droit Ecrit comme
dans les Coutumes.

On ajoute que cette opinion eft contraire
au Droit Coutumier , parce que l'efpéce de
Donation qu'elle tend à introduire ne peut
avoir un des caractères effentiels qu'exigent
les Coutumes ; elle ne peut contenir aucune
forte de tradition.

Cette forme de difpofer feroit encore
contraire aux difpofitions de l'Ordonnance
en ce que tous les articles y tendent à l'irrévocabilité des Donations, & l'irévocabilité
ne fe trouveroit plus dans un Acte qui ne

contiendroit qu'une promeſſe de donner
qu'on pourroit ne pas effectuer.

21. Juſqu'ici nous avons raiſonné dans
la ſuppoſition qu'un pareil Acte pouvoit
être obligatoire par lui-même, & regardé
comme une vraie obligation; mais ſi l'on
veut remonter aux principes des choſes,
on connoîtra aiſément que la promeſſe de
donner n'eſt point une Donation; en effet
ſi le contraire avoit lieu cet Acte ſeroit un
paradoxe inexplicable & qui renfermeroit
une contradiction ſenſible, il ſeroit en même tems une promeſſe de donner & une
Donation; or, il eſt certain que l'un ne
doit pas être l'autre : De deux choſes l'une,
ou le Donateur a voulu donner irrévocablement, & ſans ſe réſerver la liberté de
changer de volonté, ou il ne l'a pas voulu.

On ne peut pas dire qu'il ait voulu donner irrévocablement, & qu'il ait donné
effectivement une choſe qu'il n'a fait que
promettre, perſonne n'ignore qu'il y a
beaucoup de différence entre promettre &
donner, enſorte qu'il eſt impoſſible que
l'un ſoit l'autre; or, dès que l'Acte même ne
porte qu'une promeſſe de donner, il prouve
lui-même évidemment qu'il n'y a point de
Donation, puiſqu'on ne peut pas prétendre
qu'il y ait Donation dès qu'on ſoutien-
dra qu'il n'y a qu'une promeſſe de donner :

s'il n'y a point de Donation effective & actuelle , quelle peut donc être la raifon de
ceux qui veulent y en trouver une. Pourquoi donner à un engagement une exten-
fion que la partie qui l'a formé n'a pas voulu
lui donner , pourquoi dire qu'un homme a
réellement donné fon bien & s'en eft défaifi
en faveur d'un autre , tandis que cela eft
directement contraire à fon intention ? Intention qui ne peut être équivoque puifqu'il l'a lui-même exprimée en difant qu'il
ne faifoit que promettre , fe réfervant d'é-
fectuer fa promeffe lorfqu'il feroit affez déterminé pour contracter une obligation irrévocable. En un mot c'eft ici l'occafion
d'appliquer la diftinction de l'Ecole entre la
faculté qu'on y appelle *potentiâ* & celle qu'on
y défigne par le mot d'*actu*. Il eft vrai que le
Donateur s'eft engagé poteftativement, mais
il n'a point réduit en acte fa volonté , il n'a
point rempli l'efpérance qu'il a bien voulu
donner au Donataire; celui-ci avoit une efpéce
de droit *ad rem*, mais non pas un droit *in re*.

22. Il faut cependant dire que la promeffe de donner produit une action en faveur du Donataire contre le Donateur. Celui-ci peut être pourfuivi pour faire la Donation effective de la chofe promife , &
pour réduire en acte ce qui n'étoit qu'en
faculté ; mais cette promeffe, fi le Dona-

teur a changé de volonté, comme il s'en étoit refervé la liberté par la nature de l'acte même, il peut refufer de la tenir & de faire la Donation, & tout le droit du Donataire fe refoudra en dommages intérêts, comme dans le cas de la promeffe de vendre que celui qui l'a faite ne veut pas exécuter.

La diftinction que l'Annotateur de Ricard fait à cet égard, & que M. Furgole adopte ne change rien à cette réfolution. Cette diftinction confifte à dire que la promeffe de donner eft obligatoire & vaut Donation quand le Donataire a intenté fon action contre le Donateur pendant fa vie.

Cette circonftance n'eft d'aucune confidération : car l'action que peut intenter le Donataire ne peut pas augmenter l'engagement du Donateur. A quoi celui-ci s'eft-il engagé ? Il a promis de donner, que peut-on lui demander ? Qu'il rempliffe fa promeffe ? Qu'il faffe réellement la donation qu'il a promife de faire ? C'eft à quoi fe réduit la prétention du Donataire. Car de dire que celui-ci a le droit de demander la délivrance de la chofe, comme le fait l'Annotateur, c'eft-à-dire, qu'il y a une Donation fubfiftante, c'eft fuppofer ce qui eft en queftion. Ainfi, que le Donataire ait intenté fon action ou qu'il ne l'ait pas fait; cela ne peut influer fur la valeur intrinfèque de l'acte; il suffit que le Donateur n'ait pas fait une Donation effective , & qu'il soit mort sans avoir tenu sa promesse , pour qu'il soit vrai qu'il n'y ait jamais eu de Donation , & par conséquent.

23. L'article que nous conferons veut que, si l'acte contient donation de meubles il en soit fait un inventaire ou état signé des parties , & qui demeurera annexé à la minute de la donation, *incerta enim pars nec tradi nec usu capi potest*. Ricard n. 963. & suiv. avoit démontré la nécessité de cet inventaire, & l'Arrêt que cite l'Annotateur est absolument contraire aux saines maximes que Ricard avoit établies, & à la disposition de notre Ordonnance : Ainsi il n'est d'aucune considération , & ne peut servir qu'à jetter de l'incertitude dans l'esprit de ceux qui ne sçavent pas assez s'attacher aux principes , & qui croyent qu'un Arrêt rendu dans des circonstances particulieres est capable dé diminuer la certitude du principe général.

ARTICLE SEIZIE'ME.

Donations faites à la charge d'acquitter les dettes postérieures, même les légitimes, déclarées nulles.

Les Donations qui ne comprendroient
que les biens préfens feront pareillement déclarées nulles , lorfqu'elles feront faites à condition
de payer les dettes & charges de
la Succeffion du Donateur , en
tout ou en partie , ou autres dettes
& charges que celles qui exiftoient
lors de la Donation , même de
payer les légitimes des enfans du
Donateur au-delà de ce dont ledit Donataire peut en être tenu
de droit , ainfi qu'il fera reglé ci-
après ; laquelle difpofition fera obfervée généralement à l'égard de
toutes les Donations faites fous
les conditions dont l'exécution dépend de la feule volonté du Donateur , & en cas qu'il fe foit réfervé la liberté de difpofer d'un
effet compris dans la Donation ,

ou d'une somme fixe à prendre sur les biens donnés, Voulons que le dit effet ou la dite somme ne puissent être censés compris dans la Donation, quand même le Donateur seroit mort sans en avoir disposé : Auquel cas le dit effet ou la dite somme appartiendront aux Héritiers du Donateur, nonobstant toutes clauses ou stipulations à ce contraires.

OBSERVATIONS.

1. **L**A premiere partie de cet article a pour objet général d'abroger toutes les Donations faites à des conditions dont l'effet dépendra de la volonté du Donateur. Ainsi toutes les conditions qu'on appelle en Droit *potestatives* & qui pourroient laisser au Donateur la liberté de déroger indirectement à la Donation qu'il ne pourroit attaquer directement, la rendent nulle, parce qu'on les regarde comme ayant empêché qu'il y ait eu de Donation, & c'est

le cas d'appliquer la maxime, *donner & retenir ne vaut.*

2. L'Article a pour objet particulier d'annuler les Donations de biens préfens lorfqu'elles contiendront la condition de payer les dettes & charges de la fucceffion en tout ou en partie ou autres dettes & charges que celles qui exiftoient lors de la Donation, même de payer les légitimes au-delà de ce que le Donataire peut en être tenu de droit, fuivant ce qui fera fixé par les articles fuivans. Les raifons de ces difpofitions particulieres font les mêmes que celles que nous venons de rapporter par rapport à la difpofition générale de l'article.

3. Suivant le témoignage de Ricard, *n.* 1027. la queftion de fçavoir fi la claufe de payer les dettes qui fe trouveront au jour du décès du Donateur, rend la Donation nulle ou non, a été fort agitée par les Auteurs, & diverfement jugée par les Arrêts, il prouve avec beaucoup de folidité qu'une pareille Donation ne peut fubfifter par les raifons que nous venons de rapporter ; c'eft ce qui rend encore plus étonnant le parti que prend cet Auteur aux nombres fuivans fur une queftion toute femblable, & qu'il décide tout différemment.

4. Il prétend *n.* 1032. que l'obligation

impoſée par le Donateur au Donataire d'é-
xécuter le teſtament qu'il pourra faire avant
ſa mort, ne rend pas la Donation nulle,
par ce qu'on eſtime alors *arbitrio boni viri*,
les legs qu'a pû faire le Donateur en vertu
de la réſerve portée par la Donation.

Mais il eſt évident que la regle *donner &*
retenir ne vaut, a une égale application à
cette queſtion ? En effet le Donateur ne
ſe réſerve-t'il pas par-là la faculté de diminuer & quelques fois d'anéantir la Donation ? La regle de l'eſtimation *arbitrio*
boni viri, ne vous rejette-t'elle pas dans
toutes les incertitudes & lès inconvéniens
qui ſuivent néceſſairement les interpréţa-
tions des actes d'entre-vifs ? L'irrévocabilité
de la Donation & le déſaiſiſſement actuel
du Donateur peuvent-t'ils ſe rencontrer
dans une Donation dont les objets peuvent
augmenter ou diminuer au gré du Donateur ? L'indiviſibilité de l'Acte ne s'éva-
nouit-elle pas ? Une pareille Donation
manque donc de tous les caractères qui doivent la rendre valable, de même que celle
faites à la charge de payer les dettes &
charges de la ſucceſſion : toute la différence
qui ſe trouye dans ces deux cas, c'eſt que
l'un regarde les diſpoſitions à titre gratuit
& l'autre celles à titre onéreux ; mais les
unes & les autres de ces façons de diſpoſer

ne tendent pas moins à rendre la Donation inutile, ou à l'altérer ; elles ne laissent pas moins au Donateur la liberté d'attaquer indirectement un acte dont l'essence est d'être irrévocable & indivisible. Il faut donc conclure que si la décision de Ricard étoit contraire à ses propres principes, elle peut encore moins être admise aujourd'hui que nous avons une loi positive & précise qui déclare nulles toutes les Donations faites à des conditions dont l'effet dépendra de la volonté du Donateur.

5. L'Ordonnance abroge les Donations faites sous la condition de payer la légitime aux enfans du Donateur au-delà de ce dont le Donataire peut en être tenu de droit ainsi qu'il sera reglé ci-après.

6. M. Furgole dans ses observations sur cet article prétend que ces derniers mots jettent dans l'incertitude de sçavoir s'ils sont relatifs à l'article 34. ci-après, ou aux articles 36. & 37.

7. Tout ce qu'il dit à cet égard ne nous a pas paru assés clair pour nous permettre d'examiner si ses raisonnemens sont conformes aux principes : mais pour dire notre sentiment sur cette difficulté, nous ne voyons pas qu'il y ait lieu au doute dont parle cet Auteur. Les articles 36. & 37. ne regardent que les articles 17. & 18. qui eux-

mêmes

mêmes y font relatifs, comme on le peut voir par les termes dans lefquels ils font conçus ; & l'article 16. que nous conférons n'eft relatif qu'à l'article 34. Les articles 17. & 18. & les articles 36 & 37. ont pour objet particulier les Donations de biens préfens & à venir, faites en contrat de mariage, & la portion de légitime que doivent fournir les Donataires de cette efpèce. Les articles 16. & 34. ont pour objet toutes les autres Donations & la façon dont elles doivent contribuer à la légitime.

Voyez fur cette matiere la queftion quatre-vingt-treiziéme du livre 4. de Henrys & les Arrêts qu'il cite.

8. L'Article que nous conférons veut, par une derniere difpofition que fi le Donateur s'eft réfervé la faculté de difpofer d'un effet compris dans la Donation, ou d'une fomme fixe à prendre fur les biens donnés, cet effet & cette fomme ne puiffent être cenfés compris dans la Donation, & qu'elle appartienne aux héritiers du Donateur, en cas que celui-ci foit décédé fans en avoir difpofé, & cela nonobftant toutes claufes & ftipulations à ce contraires.

9. Cette difpofition décide deux difficultés qui avoient donné lieu à de grands

différens entre les Auteurs ; les uns se dé-cidoient en faveur des héritiers , les au-tres , comme Ricard *n.* 1015. premiere partie , faisoient plusieurs distinctions , qu'ils fondoient sur des Loix Romaines & sur des Arrêts qu'ils citoient. Mais notre article ne laisse point de prétexte à toutes ces distinctions ; & regle générale , quand le Donateur est mort sans avoir disposé de la somme ou de l'effet reservé, ils appar-tiennent indistinctement aux héritiers , & jamais aux Donataires. Si ce n'est dans le cas ci-après expliqué à l'égard des Dona-tions en contrat de mariage.

La seconde difficulté que léve cet arti-cle est celle qui auroit pû naître dans le cas où le Donateur auroit stipulé que s'il décé-doit sans avoir disposé de la réserve , son intention étoit qu'elle appartînt au Do-nataire : mais , comme le Législateur l'a bien senti , jamais cette somme n'a fait partie de la Donation , puisque la libre disposition en a toujours resté au Do-nateur ; c'est pourquoi l'article a voulu que , quelque clause qu'il y eût pour faire passer la chose réservée au Donataire , elle ne pût lui appartenir , mais aux héritiers du Donateur à son exclusion. En effet com-ment un objet dont il n'y a point eu de dessaisissement actuel de la part du Donateur pourroit-il faire partie d'une Donation.

Voyez les Arrêts que cite Ricard, partie premiere, *n.* 1015. & suivans, on connoîtra quelle étoit la Jurisprudence avant l'Ordonnance. Voir le même Auteur, *Part.* 3. *n.* 741. où il discute de nouveau ces difficultés.

ARTICLE DIX-SEPTIEME.

Exceptions pour les Donations faites en contrat de mariage qui pourront comprendre les biens préfens & à venir.

1. Qu'avant l'Ordonnance, les Donations de biens préfens & à venir avoient lieu dans les contrats de mariage.
2. Que M. Furgole prétend qu'elles peuvent être faites en d'autres Actes.
3. Réfutation.
4. De la liberté laiffée au Donataire de divifer la Donation.

Voulons néanmoins que les Donations faites par contrat de mariage en faveur des conjoints ou de leurs defcendans, même par des Collatéraux ou par des Etrangers foient exceptées de la difposition de l'article 15. ci-deffus & que lefdites Donations faites par contrat de mariage puiffent comprendre tant les biens à venir que les biens préfens, en tout ou en partie ; auquel cas il fera au choix du Donataire de prendre les biens tels qu'ils fe trouveront au jour du décès du Donateur, en payant toutes les dettes & charges , même celles qui feroient poftérieures à la Donation , ou de s'en tenir aux biens qui exiftoient dans le tems qu'elle aura été faite , en payant feulement les dettes & charges exiftantes audit tems.

____

1. DES auparavant l'Ordonnance, la faveur qui eft dûe aux contrats de mariage a rendu la Jurifprudence des Tribunaux certaine, fur la validité des Donations de biens préfens & à venir dans ces

contrats. L'on peut voir fur cela les Coutu-
de Bar , de Châlons , d'Auvergne , de
Vermandois , & fur-tout l'article 219. de
celle de Bourbonnois, & tous les Auteurs
qui ont parlé de la faveur dûe à ces Contrats. Mais il étoit néceffaire que le légiffa-
teur s'expliquât à cet égard , après avoir
profcrit d'une façon abfolue par l'article 15.
les Donations de biens préfens & à venir.

2. M. Furgole , dans fes obfervations
fur cet article , prétend qu'on ne doit pas
prendre à la lettre les termes de notre texte,
qui veut que les Donations faites par
contrat de mariage puiffent compendre,
tant les biens préfens que ceux à venir ; il
veut qu'elles puiffent être faites également
dans tous les Actes qui ont le mariage pour
objet.

3. Ce que nous avons dit fur les inftitutions contractuelles dans la conférence,
fur l'article 13. annonce que nous tien-
drons ici le même langage, & que nous
foutiendrons que les termes de notre article doivent être pris à la lettre, & qu'il
n'y a que le contrat de mariage feul qui
foit fuceptible des Donations de biens préfens & à venir.

En effet l'article 15. porte une difpofition indéfinie , par laquelle généralement
toutes les Donations de biens préfens &

à venir sont abrogées & déclarées nulles, si ce n'est dans le cas qu'il se réserve d'indiquer par la suite ; l'article 17. contient ce cas excepté par l'article 15. & l'article 17. ne parle uniquement que des contrats de mariage : hors ce cas unique, il est donc bien certain aux termes de l'article 15. que généralement toutes Donations de biens présens & à venir sont interdites, si ce n'est par contrat de mariage ; c'est le seul acte qui fasse l'objet de l'exception de la Loi ; tous les autres restent dans la thèse générale.

Si le Législateur avoit entendu que d'autres actes pussent comprendre les Donations prescrites par l'article 15. au lieu de dire *les Donations faites par contrat de mariage*, il auroit dit *les Donations faites en vûe de mariage* ; mais les ayant, comme il a fait, limitées aux seuls contrats de mariage, il a fait entendre par-là qu'il étoit déterminé, non-seulement par la faveur dûe au mariage en général , mais qu'il vouloit encore que ces Donations fussent faites dans le contrat, qu'il regarde comme le seul susceptible d'une clause si extraordinaire : Avantage que tel autre acte que ce soit n'a pas : pas même celui fait en faveur du mariage, qui, suivant l'esprit de la nouvelle Ordonnance, & aux termes

de l'article premier de la Déclaration du
Roi fur les infinuations, eft rangé dans la
claffe des actes ordinaires, & la diftinction qu'en fait cet article eft comme nous
l'avons remarqué fur l'article 13 une preuve
évidente que le Légiflateur a fçu diftinguer
les actes en faveur de mariage ; & que fi
dans l'article que nous conferons, il avoit
voulu les affimiler aux contrats de mariage
il auroit pris autant de foin de l'exprimer
qu'il a fçu en prendre pour les diftinguer
dans l'article premier de la déclaration fur
les infinuations.

A l'égard de la derniere partie de l'article, par laquelle il eft permis au Donataire
de divifer la Donation en s'en tenant aux
biens exiftans lors de la Donation, & en
refufant ceux acquis depuis, pour n'être
obligé de payer que les dettes exiftantes
lors de la Donation, elle décide une queftion diverfement jugée par les Parlemens
de Droit Ecrit, & par ceux du pays Coutumier.

Les premiers donnoient au Donataire
l'option que lui donne notre article.

Celui de Paris a fouvent varié fur cette
queftion ; tantôt il a donné l'option,
tantôt il l'a refufée ; lors de l'Ordonnance
il jugeoit que la Donation étoit divifible,
Arrêt du mois Juillet 1719, Mais il faut

remarquer que dans tous ces cas on ne distinguoit point les Donations faites en contrat de mariage d'avec les autres. Depuis l'Ordonnance il ne peut plus être question que des premiéres. *Voyez les questions not. de M. Bretonnier.*

Ricard, *n.* 1533. *& suiv.* avoit adopté le sentiment contraire à l'Ordonnance.

ARTICLE DIX-HUITIE'ME.

Continuation de l'exception en faveur des contrats de mariage.

1. *Motifs de l'article.*
2. *Opinion de Boutaric sur la différence de l'article 18. à l'article 16,*
3. *Réfutation.*
4. *Opinion de M. Furgole sur la liberté laissée par l'article au Donataire de renoncer à la Donation.*
5 *Que cet Auteur a fait d'une exception une regle générale.*
6. *Que la Donation est un Acte synalagmatique.*
7. *Qu'en pays Coutumier on ne peut pas dans toutes les Coutumes disposer indistinctiment de tous ses biens.*

Entendons pareillement que les Donations des biens préſens faites à condition de payer indiſtinctement toutes les dettes & charges de la ſucceſſion du Donateur, même les légitimes indéfiniment, ou ſous d'autres conditions dont l'Exécution dépendroit de la volonté du Donateur, puiſſent avoir lieu dans les contrats de mariage en faveur des conjoints ou de leur deſcendans, par quelques perſonnes que leſdites Donations ſoient faites, & que le Donataire ſoit tenu d'accomplir leſdites conditions, s'il n'aime mieux renoncer à ladite Donation, & en cas que le Donateur par Contrat de Mariage ſe ſoit réſervé la liberté de diſpoſer d'un effet compris dans la Donation de ſes biens préſens, ou d'une somme fixe à prendre sur lesdits biens, voulons que s'il meurt sans en avoir disposé, le dit Effet ou la dite somme appartiennent au Donataire ou à ses Héritiers, & soient censés compris dans ladite Donation.

OBSERVATIONS.

1. NOtre article, commme on peut s'en convaincre en le comparant avec l'article 16. n'a d'autre objet que de faire une exception à ce dernier en faveur des Donations de biens présens, à la charge de payer les dettes & charges de de la succession du Donateur, & c'est toujours la faveur dûe au contrat de mariage qui détermine le Législateur à passer ainsi sur toutes les regles qu'il avoit d'abord prescrites en général. L'article 16. veut que l'effet reservé soit adjugé aux héritiers du Donateur, & l'article que nous conférons, veut que, dans le cas où la Donation aura été faite par contrat mariage, cet

effet foit cenfé compris dans la Donation.

2. Boutaric dans fes obfervations fur cet article prétend que la différence qui fe trouve entre les difpofitions de l'article 16. & celles de celui que nous conférons vient principalement de ce que les premieres font dans le cas d'une Donation faite autrement que *per modum quottæ* : & de ce que dans le cas de notre texte, la Donation eft *per modum quottæ*. Pour le prouver il propofe des exemples & cite l'autorité de M. le Chancelier dans fes réponfes aux Remontrances que le Parlement de Touloufe avoit faites fur cette difpofition.

3. Mais on ne peut s'empêcher de dire que cet Auteur a fondé la différence de ces deux articles fur une fuppofition qui n'exifte pas.

Il a prétendu que l'un étoit dans le cas d'une Donation *per modum quottæ*, & que l'autre étoit dans le cas d'une difpofition univerfelle, ce qui n'eft pas : car l'un & l'autre article ne parlent que des Donations de biens préfens, & il n'y a rien dans les termes qu'ils renferment qui marque la moindre différence entr'eux ; l'un eft exactement l'exception de l'autre, & leur contrafte eft parfait en tous points.

Mais quand cela ne seroit pas, il eſt certain que la différence qui ſe trouveroit entre les Donations, par rapport à leur qualité de *particuliere & d'univerſelle*, par *quotte* ou autrement, ne pourroit influer ſur la raiſon qui a déterminé le Légiſlateur à donner au Donataire, dans le cas de la Donation par contrat de mariage, l'effet réſervé, & de le donner à l'héritier du Donateur dans tous les autres cas. Ç'a été uniquement, on le repéte, la faveur dûe à ces contrats, qui a fait le motif déterminant & la raiſon de la différence; & comme ils ont été exemptés de la regle *donner & retenir ne vaut*, la quantité de biens donnés eſt indifférente.

Boutaric cite la réponſe de M. le Chancelier aux Remontrances du Parlement de Toulouſe. Mais la façon dont il la cite eſt ſeule ſuffiſante pour faire penſer que cette réponſe ne décide pas la queſtion comme il le prétend : il dit ſeulement qu'on peut en induire qu'elle favoriſe ſon opinion.

4. M. Furgole, dans ſes Obſervations ſur cet article, & dans la queſtion 8 *in fin.* prétend que notre texte, en donnant au Donataire la liberté de renoncer à la Donation, décide deux queſtions fort agitées par les Auteurs; la premiere étoit

de sçavoir si le Donataire pouvoit renoncer à des engagemens qu'il avoit con-
tractés volontairement ; la seconde, si une
Donation n'est pas un Acte sinalagmatique.

5. Par rapport à la premiere question
on craint bien que M. Furgole n'ait fait
une regle générale d'une maxime particuliere. Car dans l'article 16. qui contient des dispositions générales, on n'y
laisse point la liberté dont parle cet Auteur, & l'article que nous conférons ne
statuant que sur une exception à la regle
générale, semble confirmer encore cette
regle, & laisser par conséquent la question
de la liberté de renoncer indécise dans
tous les autres cas que ceux du contrat
de mariage.

6. Ce que nous venons de dire peut
avoir son application à la seconde question;
car l'exception que fait notre article lorsqu'il ne parle que d'un cas particulier, où
l'on fait taire tous les principes, ne prouve rien pour le général, & ne détermine
point la nature de l'acte fait dans le contrat de mariage ; ainsi la liberté qu'on laisse
dans ce cas au Donataire ne décide rien
pour toutes les autres Donations.

Mais quand il seroit vrai, que générale-

ment parlant, les Donataires puſſent renoncer à leur gré aux Donations, en quelque contrat qu'elles fuſſent inférées, pourroit-on en conclure avec juſteſſe que cette
liberté changeât la nature d'un Acte qui
juſqu'ici a été regardé comme finalagmatique ? C'eſt ce qu'il faut examiner.

Regle générale, un Donataire n'a intérêt de renoncer à une Donation que
lorſque les charges excédent le bénéfice :
dans tous les autres Actes les Loix accordent à ceux qui ſe trouvent lézés ou
trompés, un moyen de faire rompre leurs
engagemens. Qu'un homme dans un contrat de vente, d'échange, &c. ſe trouve
lezé, n'a-t'il pas la voye de reſtitution ?
Pourquoi un Donataire ne trouveroit-il
pas une égale facilité à rendre ſans effet
une Donation qui lui ſeroit onéreuſe, &
dans laquelle on l'auroit trompé en lui
faiſant eſpérer un bénéfice où il n'y auroit
que des charges ? La liberté de renoncer
à cette Donation doit donc être aſſimilée
à la voye de la reſtitution dans les autres
contrats ; mais qui eſt-ce qui peut prétendre
que la faculté qu'a l'un des contractans de
prendre des lettres de réciſion contre une
vente, s'il y eſt lézé, ſoit une preuve que ce
contrat ne ſoit pas finalagmatique ; un acci-

dent

dent arrivé depuis la confection de l'Acte peut-il en changer la nature & la substance ? non assurément. Il en doit être de même de la faculté laissée au Donataire de renoncer à une Donation qui lui est à charge. Car à raisonner dans l'exacte vérité, on pourroit dire qu'il n'y a jamais eu de Donation, puisqu'on est convenu que son effet dépendroit d'une condition potestative qui pourroit l'anéantir totalement, & en supposant qu'il y ait eu une Donation ; les Parties de concert sont convenues tacitement de l'annuler ; le Donateur en chargeant les biens donnés au-delà de leur valeur, & le Donataire en renonçant à la Donation.

Nous releverons en passant un autre défaut de justesse dans lequel est tombé le même Auteur dans ses observations sur cet article. Il dit d'après Ferriere, que dans le Pays Coutumier il est permis de disposer de tous ses biens par Donation entre-vifs, sans distinction de propres & des acquets.

Il fait en cela une regle générale pour le Pays Coutumier d'une Loi particuliere à la Coutume de Paris ; c'est ce qui ne doit pas être ; car il y a plusieurs Coutumes dans le Royaume qui, non-seulement reftraignent la faculté de donner entre-vifs la totalité de fes biens, mais encore qui fubroge les acquets aux pro-pres : Telles font les Coutumes d'Anjou & du Maine. Il faut donc limiter ce que dit l'Auteur des Obfervations à la Coutume de Paris, & à celles qui lui reffemblent ; autrement fa maxime ne feroit jufte dans aucun de fes deux points.

ARTICLE DIX-NEUVIEME.

Donations en ligne directe par contrat de mariage, exemptes de l'insinuation.

1. **D**E la Jurisprudence Romaine, sur l'insinuation des Donations.

2. Que les anciennes Ordonnances les y assujettissoient.

3. Diversité de la Jurisprudence des Cours.

4. Celle du Parlement de Paris.

5. Parlement de Grenoble.

6. Parlement de Toulouse.

7. Parlement de Bretagne.

8. Motifs de l'exemption des contrats de mariage de l'insinuation.

9. M. Furgole demande si les Actes faits en vûe de mariage sont exempts de l'insinuation.

10. Décision pour la négative.

11. Le même pense que les substitutions faites en ligne directe en contrat de mariage doivent être insinuées.

12. Raisons contraires.

M ij

Les Donations faites dans les contrats de mariage en ligne directe ne seront pas sujettes à la formalité de l'insinuation.

LOIX ROMAINES.

1. DAns le dessein que le Législateur a formé de prescrire les regles nécessaires pour l'insinuation des Donations, il commence par celles qu'il en veut exempter, pour pouvoir par la suite donner avec plus de clarté des Loix générales.

La tradition de droit ou par voie feinte rendant la propriété des biens incertaine, chez les Romains, ils furent contraints d'inventer des formalités pour éviter cet inconvenient. D'abord leurs Législateurs avoient, par des constitutions générales, que nous rapporterons en leur lieu, assujetti toute sorte de Donation à l'insinuation, & s'il y en avoit quelques-unes d'exceptées, ce n'étoient que celles qui montoient à une certaine somme, dans la suite

plufieurs efpéces de Donations furent exemptées de cette formalité , & celles à caufe
de nôces furent de ce nombre.

La premiere loi que nous trouvions à
cet égard eft dans le Code Théodofien.
La Loi 17. *de Don. ante nup. cod.* s'exprime ainfi. *Minoribus ætate fæminis ,
etiam aftorum teftificatione in ante nuptias
Donatione ad eas facta omiffa , fi patris
auxilio deftitutæ fint juftè confulitur, ut firma
Donatio fit.* La Loi 31. *cum quidam de
jure dot. cod.* explique cette difpofition
avec plus d'étendue & de netteté.

La Novelle 119. avoit étendu l'exemption de l'infinuation généralement à toutes
les Donations à caufe mort. Elle s'exprime
ainfi , chapitre premier , *fponfalitiam lar-
gitatem contractum fpécialem effe , & judi-
cari, & non aliis Donationibus eam connu-
merari per prefentem fancimus legem , quo-
niam pro eâ æqualitas dotis offertur ; five
igitur fiat fubjeftis monumentorum ejus infi-
nuatio ; five etiam : non jubemus eam per omnia fuum Robur habere , tam apud mulierem
quam apud virum ; five ab ipfo viro , five
ab altero aliquo mulieri detur , feu confcri-
batur , vel in viri perfonam Donatio fiat ,
quatenus ipfas res in nuptialem Donationem
confcribat. Et hoc valere præcipimus cujus*

cumque fit Donatio quantitatis , vel fi non, ficut dictum est , infinuetur.

Enfin la Novelle 127. *ch.* 2. a reſtraint ce privilége aux avantages faits au mari & à la femme , lorſqu'ils excédoient cinquante écus d'or. Voyez au ſurplus les diſtinctions dont parle Ricard , *n. 1125. & ſuiv.* de la premiere partie. Elles ſont à préſent plus de curioſité que d'utilité.

ORDONNANCES.

2. LES anciennes Ordonnances , comme nous le dirons ſur l'article ſuivant , avoient aſſujetti à l'inſinuation toutes les Donations entre-vifs, & comme on avoit douté ſi celles par contrat de mariage y étoient compriſes , l'article 58. de l'Ordonnance de Moulins en fit une diſpoſition expreſſe en ces termes. *Ordonnons que dorefnavant toutes Donations entre-vifs mutuelles , réciproques , onéreuſes , en faveur de mariage , & autres de quelque forme & qualité qu'elles ſoient faires entre-vifs , comme dit eſt, feront inſinuées.*

L'Edit du mois de Décembre 1703. porte. *Voulons que toute Donation entre-vifs ou à cauſe de mort , ſoit de meubles ou immeubles , à l'exception de celles faites en ligne directe en contrat de mariage , tous dons mutuels , &c. Soient insinuées , &c. Voir l'Edit du mois d'Août 1706.*

JURISPRUDENCE.

3. **L**A Jurisprudence des Arrêts sur la nécessité de l'insinuation des Donations faites en contrat de mariage étoit fort différente dans les différens Tribunaux , & chaque Tribunal croyoit pouvoir faire des distinctions & des modifications qui rendoient cette matiere très-difficile.

4. A Paris on vouloit que l'insinuation de ces Donations ne fût pas nécessaire à l'égard de l'héritier du Donateur. Brodeau sur M. Louet en cite plusieurs Arrêts , *lettre D. n. 61.*

A l'égard du Créancier , la question a resté long-tems problématique au témoignage de Ricard. Cependant Choppin , sur la Coutume de Paris , *liv. 2. tit. 3. n.* 15. rapporte deux Arrêts qui l'ont décidée au profit du Créancier. Brodeau à l'endroit cité , rapporte un Arrêt du 4 Juin 1628. qui prouve qu'en ce tems-là on la jugeoit de même au profit du Créancier. Cependant ces autorités ni la disposition précise de l'Odonnance de Moulins n'avoient point levé tous les doutes , & Ricard avoue qu'il faudroit un Arrêt folemnel pour fixer les efprits. Mais les temperamens qu'il propofe, quoique remplis d'équité, auroient entraînés nombre d'autres inconvéniens, fi on les avoit fuivi.

Nous trouvons au Journal du Palais deux Arrêts qui femblent avoir fixé la Jurifprudence & décidé la queftion contre les Creanciers. Le premier eft du 31 Juillet 1673. qui a jugé que le défaut d'infinuation n'empêchoit pas que M. de la Rochefoucault ne fût colloqué de fon contrat de mariage contre les Créanciers poftérieurs; le fecond eft du 14 Mai 1675. qui a jugé à peu près la même chofe.

La Jurifprudence a diftingué dans les claufes du contrat de mariage celles qui contenoient des conventions réciproques entre les conjoints, d'avec celles qui ne comprenoient que des Donations pures & fimples, faites par l'un au profit de l'autre, les premieres n'étoient point fujettes à l'infinuation, les autres y étoient fujettes. Voir les Arrêts cités par Ricard, *n*. 1132. *& fuiv.*

5. Au Parlement de Dauphiné, les Donations faites en contrat de mariage n'étoient pas fujettes à l'infinuation. L'Ordonnance de Moulins n'y a pas été publiée. Arrêt du 7 Septembre 1657. Journal des

Audiences : Chorier fur Gui Pape, *pag* 234. le même Parlement difpenfoit auffi de l'infinuation toutes les Donations faites en contrat de mariage fans diftinction. Breton, *queftion de droit* au mot *Don.*

6. A Touloufe il n'y avoit que les Donations faites par conftitution de Dot qui fuffent exemptes de l'infinuation ; celles faites par le pere au fils en contrat de mariage y étoient fujettes. Catellan, *liv.* 5. *ch.* 9. Dolive, *liv.* 5. *ch.* 1. les Ordonnances qui prefcrivent l'infinuation des Donations faites en faveur du contrat de mariage ne furent reçues ni gardées dans ce Parlement que depuis l'année 1566. qu'il publia & vérifia celle de Moulins à cet égard. Mainard, *tom.* 2 *ch.* 58.

On ne s'étoit pas contenté de donner atteinte à l'Ordonnance de Moulins, à l'égard des Donations faites en contrat de mariage, on avoit voulu exempter également de l'infinuation celles faites en avancement d'hoirie. Cette extention fut condamnée, à l'égard des Créanciers par un Arrêt du 11 Juin 1595. après en avoir demandé l'avis aux Chambres.

7. Le Parlement de Bretagne déclaroit nulle une Donation faite dans le contrat de mariage par le mari à fa femme, lorfqu'il n'y avoit point eu d'infinuation.

Dufail, *liv. 3. ch. 198.* en rapporte un Arrêt du 12 Octobre 1559.

Au Parlement de Provence on jugeoit que les Donations des peres aux enfans dans leur contrat de mariage étoient sujettes à l'infinuation, *Bonif. tom. 4. liv. 7. tit. premier, ch. 7.* on jugeoit la même chofe au Parlement de Normandie.

OBSERVATIONS.

8. TRois raifons paroiffent avoir déterminé le Légiflateur à exempter de la formalité de l'infinuation, les Donations entre-vifs faites en ligne directe par contrat de mariage : La publicité de ces contrats, la faveur qui leur eft dûe, & la regle d'équité, qui veut qu'une pareille Donation n'étant qu'un avancement d'hoirie, tranfmette au fils fans formalité & fans qu'il foit tenu de payer aucuns droits la fucceffion de fon pere. Cette exemption ne peut produire aucun inconvénient à l'égard des Etrangers ; il leur eft libre, avant de contracter avec quelqu'un qui a marié des enfans, de demander à voir les Contrats de mariage pour fçavoir quelles en font les claufes.

9. M. Furgole dans fes obfervations fur cet article agite la queftion de fçavoir fi

la Donation faite en vûe de mariage ; mais hors le Contrat de mariage doit être également exemptée de l'infinuation.

10. Cela ne peut pas faire de queſtion depuis la Déclaration du 17. Fev. 1731. qui aſſujettit à cette formalité généralement toute ſorte de Donation , *même celle faite en faveur de mariage*, à l'exception de celles faites par contrat de mariage en ligne directe. Cet auteur au reſte ſe décide pour la négative , & il prend ce parti avec raiſon. Cependant dans toutes les autres occaſiors, il a accordé aux Donations faites dans des actes qui avoient le mariage pour objet la même faveur & les mêmes prérogatives qu'à celles faites par contrat de mariage. Voyés ce que nous avons dit pour refuter ce ſentiment ſur les articles.

11. Le même Auteur agite enſuite la queſtion de ſçavoir ſi les ſubſtitutions faites en ligne directe par contrat de mariage ſont diſpenſées de la néceſſité de l'infinuation comme les Donations , & il ſe décide pour la négative.

12. Mais on peut dire pour l'opinion contraire qu'en ce cas les ſubſtitutions ne ſont ordinairement qu'une condition de la Donation , ou plûtôt ce ſont des vraies Dotions faites à l'inſtitué , à la charge de ren-

dre ou de conferver; claufes qui ne changent rien à la fubftance de la Donation, pourvû que le Donateur fuive dans la fubftitution l'ordre ordinaire de la fucceffion ; la fubftitution doit toujours être regardée comme Donation dans fon principe, quoique faite à des conditions qui fouvent n'ont pas lieu par le défaut d'enfans ou par leur prédécès. Ainfi de quelque côté qu'on l'envifage, cette Donation fera toujours regardée comme un avancement d'hoirie & comme une libéralité du pere au fils , qui font cenfés ne faire qu'une même perfonne, enforte que quand le fils fuccéde , c'eft moins un changement qu'une continuation de propriété. Les tiers qui pourroient être intéreffés à la publicité d'une pareille fubftitution ne font-ils pas fuffifamment avertis par la publication qui doit fe faire de ces fubftitutions ? En un mot comme elles font faites dans un contrat de mariage en ligne directe , les trois raifons qui ont déterminé à exempter les Donations militent également en faveur des Donations chargées de fubftitutions.

ARTICLE VINGTIE'ME.

Généralement toutes les autres Donations seront insinuées.

1. *LE Droit Romain exigeoit aussi l'in-*
sinuation des Donations.

2. *Les anciennes Ordonnances l'exigeoient*
de même.

3. *Interprétation de cette Ordonnance.*

4. *Ordonnance de Moulins.*

5. *Edit de 1703. différent de l'Ordonnance.*

6. *Déclaration de 1731. sur les insinuations.*

7. *Insinuation en Lorraine.*

8. *Parlement de Paris des Donations remu-*
neratoires.

. *Donations onéreuses.*

10. *Que suivant M. Furgole la Donation du*
titre sacerdotal est exempte de l'insinua-
tion.

11. *Que cette opinion est contraire à l'Or-*
donnance.

12. *Autre opinion du même sur les Donations*
renumeratoires.

13. *Réfutation.*

Toutes les autres Donations, même les Donations remunératoires ou mutuelles, quand même elles seroient entierement égales, ou celles qui seroient faites à la charge de services & de fondations, seront insinuées, suivant la disposition des Ordonnances à peine de nullité.

DROIT ROMAIN.

1. L'Insinuation des Donations étoit aussi prescrite par les Loix Romaines, sur tout pour les Donations faites entre Parens. *Data jam pridem lege sta-*

tuimus ut Donationes interveniente actorum testificatione conficiantur , quod vel maxime inter necessarias conjunctas que personas convenit custodiri ; si quidem clandestinis ac domesticis fraudibus facile quid vis pro negotii oportunitate confingi potest : vel id quod vere gestum est , aboleri. Cum igitur nec liberos quidem ac parentes lex nostra ab actorum confectione secernat , id quod necessario super Donationibus apud acta conficiendis jam pridem statuimus , universos teneat : gesta autem confici super rebus etiam alibi collatis ubicumque sufficit. l. 27. cod. *de Donationibus.* Les Loix 32. & 34. *ibid.* portent encore quelques dispositions sur la nécessité de l'insinuation : il n'y avoit que les Donations d'une certaine valeur qui étoient assujetties à cette formalité. V. Les Loix 32. & 34. ci-dessus les motifs 5. 2.

Justinien changea depuis ces Loix, & il étendit l'exemption de l'insinuation à toutes les Donations, tant celles faites en argent que celles des choses immobiliaires jusqu'à concurrence de 500 écus d'or. *L. si quis* 36. 5. *ult. cod. de Donationibus dig.* l. 34. 5. *sin autem.* Cette disposition ne doit pas paroître extraordinaire dans un pays où la tradition n'étoit pas requise pour la validité des Donations.

La disposition de cet article est si générale, qu'il ne faut pas douter qu'elle comprend les Donations à titre de dot qui jusqu'à préfent en avoient été exemptes, & que l'Ordonnance deroge expreffément à la Loi 31. *cod. de jure dotium.*

ORDONNANCES.

2. LES Ordonnances du Royaume fe conformerent à l'ancien Droit Romain & exigerent l'infinuation. L'Article 132. de l'Ordonnance de 1539. s'explique en ces termes. *Voulons que toutes Donations qui feront faites ci-après, par & entre nos fujets, foient infinuées & enregiftrées en nos Cours & Jurifdictions ordinaires des Parties, & des chofes données; autrement feront réputées nulles & ne commenceront à avoir leur effet que du jour de ladite infinuation faite en la préfence des Donataires & par eux acceptées.* L'Article fuivant porte que celles acceptées par ceux qui fe porteront fort pour les Donataires abfens le feront pareillement.

3. L'Edit du mois de Février 1549. donné en interprétation de l'Ordonnance de 1539. porte, *Nous déclarons que fous le nom de Donation feront comprifes & fujettes à l'infinuation, les Donations faites en traité de mariage & autres Donations faites entre-vifs, combien qu'elles*

ne

ne foient fimples ains rénumératoires & autrement caufées, & non les Donations faites
à caufe de mort, qui fe peuvent révoquer
par le Donateur jufqu'à la mort, lefquelles
ne feront fujettes à aucune infinuation.

4. Quelques doutes s'étant encore élevés
à l'occafion de l'infinuation de certaines
Donations, l'article 58. de l'Ordonnance
de Moulins, eut pour objet de faire ceffer toute difficulté à cet égard ; il porte,
*toutes Donations entre-vifs, mutuelles, réci-
proques, onéreufes en faveur de mariage &
autres de quelque forme & qualité qu'elles
foient faites entre-vifs, comme dit eft, feront
infinuées. .... Autrement & à faute
de la dite Infinuation, feront & demeureront lefdites Donations nulles & de nul effet
& valeur, tant en faveur du Créanciers que
de l'Héritier du Donant.*

5. L'Edit du mois de Décembre 1703.
dont nous avons cité une Partie fur l'article
précédent déroge à l'Édit de 1549. ci-
deffus, en ce que celui de 1703. comprend
dans fa difpofition les Donations à caufe
de mort & que l'autre les excepte nommément de la néceffité de l'infinuation. Le
premier comprend auffi les fubftitutions &
les exhérédations, & généralement toutes
les Donations entre-vifs.

6. L'article premier de la Déclaration du

N

mois de Février 1731. au fujet des infinuations eft conforme à notre article: *Voulons,*
porte cet article, *qu'à compter du jour de
l'enregiftrement des préfentes, toutes Donations entre-vifs de meubles ou immeubles, mutuelles, réciproques, rénumératoires, onéreufes, même à . la charge de fervice & de
fondation, en faveur de mariage, & autres
faites en quelque forme & maniere que ce foit
(à l'exception de celles qui feront faites par
contrat de mariage en ligne directe) foient
infinuées.......* L'Article 33. de l'Ordonnance exempte de l'infinuation les Pays
du Reffort du Parlement de Flandres ; &
la Déclaration du 17 Février 1736. porte
la même exception pour la Province d'Artois.

Il y a une Déclaration du Roi du 5
Décembre 1622. pour la Coutume du Poi-
tou où l'ufage étoit de ne point faire infinuer. les Donations mutuelles.

7. L'infinuation des Donations n'a été
établie dans les Duchés de Lorraine & de
Bar, que par un Édit du Duc de Leopold
du 15 Décembre 1718. cet Édit n'a commencé à être obfervé dans le Comté de
Ligny, dépendant de la Lorraine, que
depuis le 28 Février 1721. qu'il y fut
publié.

JURISPRUDENCE.

LA Jurifprudence des Tribunaux étoit affez uniforme fur l'infinuation des Donations en général, il n'y en avoit que quelques efpéces fur lefquelles elle ne fuivoit pas les mêmes principes.

8. Le Parlement de Paris n'affujettiffoit pas à l'infinuation les Donations rémunératoires ; Brillon dans fon Dictionnaire cite deux Arrêts qui le prouvent, l'un du 17 Août 1705. l'autre du 13 Mars 1713. au mot infinuation, *n. 38.*

A l'égard des Donations mutuelles, égales & réciproques ; Ricard, *premiere partie, n. 1090. & fuiv. ch.* 4. de fon Traité du Don mutuel, nous apprend quelles ont été les variations & les diftinctions de la Jurifprudence du Parlement de Paris, & l'on peut le confulter.

9. Les Auteurs & les Arrêts ont encore diftingué & varié par rapport aux Donations onéreufes, quoiqu'elles foient indéfiniment comprifes dans les Ordonnances dont nous venons de parler ; Ricard, *n.* 1101. veut qu'il n'y ait de fujet à l'infinuation dans une Donation onéreufe, que ce qui excéde la Charge, & que fi la Donation eft faite à condition de nourrir le

Donateur, ou que le bénéfice & les charges soient dans une égalité suffisante, alors elle ne doit pas être sujette à l'insinuation, il cite M. Louet, *lettre D. n. 22.* lequel rapporte un Arrêt qui autorise cette distinction.

OBSERVATIONS.

10. Mr. Furgole, dans ses observations sur cet article, veut que les Donations du titre sacerdotal soient exemptes de l'insinuation, par la raison qu'elles n'y sont point expressément assujetties par la suite de l'article que nous conférons qui en spécifie quelques-unes qu'on en pourroit croire exemptes.

11. Mais il faut dire au contraire que cet article portant une disposition générale, *toutes autres Donations que celles faites par contrat de mariage en ligne directe,* qui sont les seules exceptées, comprend celles de titre sacerdotal, & que l'article premier de la Déclaration sur les insinuations, n'exceptant pas même les Actes faits en vûe ou en faveur de mariage, la Donation du titre sacerdotal, qui fait une espéce dans le tout, & qui n'est pas comprise dans l'exception, est assujettie, sans contredit, à la formalité de l'insinuation.

Il eſt vrai qu'après cette diſpoſition générale, *toutes Donations* ; l'article 20. ſpé-
cifie quelques eſpéces de Donations pour
les aſſujettir nommément à l'inſinuation ;
mais quel a été le motif de la Loi en expri-
mant certaines Donations ? Ç'a été la
crainte que l'habitude où l'on étoit de les
regarder comme favorables & exemptes de
l'inſinuation , ne les fit encore excepter de
la regle générale. La mention expreſſe que
l'article fait de ces Donations , n'eſt donc
pas limitative de la diſpoſition générale ,
mais démonſtrative de quelques Donations
entre toutes les autres , & entre les plus
favorables que l'on veut qui ſoient ſujettes
à cette formalité.

On ne peut plus argumenter , comme faiſoit Ricard de la faveur du titre ſacerdotal ,
ni prétendre qu'elle ſoit égale à celle qui
eſt dûe au contrat de mariage ; il ne faut
plus dire que c'eſt un pere qui diſpoſe en
ligne directe , depuis que l'article premier
de la Déclaration ſur les inſinuations aſſujettit expreſſément à l'inſinuation les Donations même en faveur de mariage , lorſqu'elles ne feront pas dans le contrat de
mariage en ligne directe. Après une
diſpoſition auſſi préciſe , qui peut douter
que le ſeul Acte qui ſoit exempt de l'inſinuation , c'eſt le Contrat de mariage ?

M. Furgole s'appuye à la vérité d'une autorité bien respectable ; mais elle ne peut influer sur la décision de notre question. Ricard écrivoit avant l'Ordonnance , & s'il avoit écrit depuis , il n'est pas douteux qu'il auroit pris un sentiment conforme à la Loi nouvelle.

12. L'Auteur des Observations dit que pour sçavoir si une Donation rémunératoire est sujette à l'insinuation , il faut examiner si le Donataire auroit eu une action pour se faire payer de ses services , & il décide que dans ce cas la Donation n'est pas sujette à l'insinuation.

13. Nous voyons au contraire que la Donation rémunératoire est indistinctement assujettie à l'insinuation par l'Article premier que nous venons de citer , qui l'y comprend indéfiniment , & non pas sous des conditions, comme on voudroit le faire penser.

Quel pourroit être d'ailleurs le motif capable de faire exempter de l'insinuation une Donation rémunératoire , ou la partie de cette Donation qui ne procéderoit pas de la pure libéralité du Donateur ? Ce ne seroit certainement que parce que cette partie seroit faite à titre onéreux pour le Donataire , & qu'on ne pourroit pas dire à la rigueur que ce fût une vraie Donation :

mais cette raison feroit précifément contraire à la lettre de l'Ordonnance, puifqu'elle affujettit expreffément à l'infinuation
les Donations onéreufes, & qu'elle les y
affujettit indéfiniment. Cette difpofition
renverfe donc abfolument la diftinction
qu'on voudroit faire valoir : elle ne peut
pas regarder l'infinuation ; elle ne pourroit
avoir d'application que dans le cas de la
Donation par furvenance d'enfans, ou
caufe d'ingratitude, pour diftinguer ce
qui vient de la libéralité du Donateur
d'avec ce qu'il étoit obligé de donner pour
récompenfer les fervices ; car à l'égard de
l'infinuation, il fuffit à préfent que par la
Donation le Donateur impofe une charge
à fon bien, ou fe défaififfe de la propriété
d'un fonds pour que la fociété foit intéreffée
à l'infinuation.

Quel eft en effet l'objet de cette formalité ? C'eft de rendre publics tous les engagemens d'un citoyen qui aliéne à titre gratuit, afin que ceux qui voudroient contracter avec lui, foient inftruits de toutes
les charges qu'il a impofées à fon bien,
& de tous les tranfports de propriété qu'il
a faits, foit réellement, foit par la voye
de la tradition feinte ou de droit. Qu'arri-
veroit-il fi le contraire avoit lieu ? Un
homme pourroit donner par Donation

entre-vifs un fond pour récompenfe de fervice & retenir l'ufufruit par forme de conf-
titut & précaire. Le Contrat refteroit
fecret entre le Donateur & le Donataire ;
puifqu'il n'y auroit point d'infinuation ; le
Public dans la bonne-foi croiroit que celui
qui fe trouveroit avoir fait la Donation feroit toujours propriétaire du fonds & dans
cette confiance il contracteroit avec lui. De-
là quels inconvéniens !

14. D'ailleurs une des principales raifons
qui ont déterminé Ricard à embraffer l'o-
pinion que M. Furgole a fuivie , eft fondée fur une fuppofition qui ne fe trouve pas
vraie. Il dit que l'Ordonnance de Moulins faite pour expliquer & rectifier celles
qui la précédent , ne parle point des Donations remunératoires pour les affujettir à
l'infinuation , d'où il conclud qu'on peut
diftinguer dans la Donation ce qui doit
faire le prix des fervices réellement rendus,
de ce qui n'eft que pure libéralité , & n'affujettir à l'infinuation que cette derniere
partie , ou ne point y affujettir du tout la
Donation , quand ce qui en fait la matiere
fera égal à ce que le Donataire auroit pû exi-
ger pour le prix de fes fervices.

Mais Ricard n'a pas raifonné dans cette
occafion avec fa juftefle ordinaire ; car l'article 58. de l'Ordonnance de Moulins, après

avoir spécifié quelqu'unes des Donations les plus favorables, même celles en faveur du mariage, contient une difpofition générale & indéfinie par ces mots, *& autres de quelque forme & qualités qu'elles foient.* Qui peut douter que cette difpofition s'étend à toutes fortes de Donations? Si les rémunératoires ne font pas nommément exprimées, elles n'y font pas moins comprifes implicitement & par une raifon, *à fortiori*, la loi en ayant exprimé de plus favorables, ayant foumis à l'infinuation celles qu'on en auroit pû croire les plus exemptes par leur nature, on veut dire les Donations onéreufes, il eft évident qu'elle n'a point voulu laiffer de diftinction ni de condition dans la néceffité d'infinuer les rémunératoires.

Enfin pour que le raifonnement de Ricard fût bon, il ne faudroit pas feulement une omiffion dans l'Ordonnance de Moulins, mais une derogation expreffe à l'Edit de 1549. qui comprend nommément les Donations rémunératoires, car fuivant M. Furgole lui-même fur l'article 19. la correction des Loix anciennes ne peut avoir lieu, à moins que la difpofition des Loix poftérieures ne l'induife d'une maniere claire & fans équivoque; or puifque, fuivant Ricard, l'Ordonnance de

Moulins, a eu pour objet d'expliquer & de corriger les Loix précédentes, il faut nécessairement conclure de son silence sur celle-ci qu'elle a voulu les laisser dans toute leur force & même les affermir encore plûtôt que de les abroger.

15. M. Furgole dit encore sur cet article qu'on est partagé sur la question de sçavoir si les Donations de pensions faites à des personnes Religieuses sont sujettes à l'insinuation.

16. Nous ne croyons pas cependant qu'il doive y avoir à présent le moindre doute, toutes les raisons qu'on vient de rapporter en font la preuve. Nous venons d'établir qu'il faut tenir déformais pour principe certain qu'il suffit que le Donateur impose quelques charges gratuites à son bien, & qu'il le fasse par autre Acte que par contrat de mariage en ligne directe pour qu'il en doive compte au public ; c'est-à-dire, pour que l'acte soit sujet à l'insinuation.

17. Mais il y a plus, en exemptant ainsi plusieurs fortes de Donations, l'Auteur que nous réfutons étendroit la disposition de l'Ordonnance contre le vœu & la lettre de la Loi. En effet ne s'est-elle pas expliquée clairement ? N'a-t'elle pas

excepté nommément le seul Acte qu'elle voulut excepter, & en disant que toutes les autres Donations en quelque forme & maniere qu'elles soient faites seront sujettes à l'insinuation, ne les a-t'elle pas généralement & sans distinction assujetties à cette formalité.

Il faudroit, suivant M. Furgole, au lieu d'une exception en faire quatre ; les Donations en contrat de mariage, celles de titre sacerdotal, les Donations rémunératoires à certains égards, & celles des pensions aux personnes Religieuses ; quoique les unes soient nommément & indistinctement comprises dans une disposition expresse & particuliere, & que les autres le soient tacitement dans la disposition générale.

En un mot si la loi, déterminée par la faveur dûe à ces Donations, avoit voulu, on ne dit pas les exempter entierement de l'insinuation, mais seulement les excepter de la peine de nullité faute d'insinuation, ne les auroit-elle pas comprises dans l'article 21. qui suit l'article que nous interprétons, lequel exempte de cette rigueur les dons mobiles, &c.

18. La disposition de notre article est si générale, & elle prescrit la nécessité de l'insinuation avec tant de rigueur qu'on ne

peut pas douter qu'il faut faire infinuer l'acte d'acceptation faite par un Donataire abfent lors de la Donation. Cela paroît d'autant moins douteux que l'article 5. de notre Ordonnance , porte que les Donations ainfi faites n'auront d'effet que du jour de l'acceptation expreffe du Donataire : on le jugeoit ainfi même avant l'Ordonnance , fuivant cette regle ; *forma quæ requiritur in actu principali requiritur in ratificatione etiam neceffaria*, argum à L. 8. D. de ritu nup.

En effet , l'infinuation n'étant inftituée que pour faire connoître au public les actes qui contiennent des engagements à titre gratuit, celui qui peut feul perfectionner les engagemens doit néceffairement intervenir dans les ratifications ou acceptations qui feules peuvent donner la perfection aux Donations qui ne feroient pas valables fans cela ; les perfonnes qui pourroient fe trouver dans le cas de contracter avec les Donateurs , voyant que la Donation faite à un abfent n'a point été acceptée ou ratifiée par le Donataire prétendroient avec raifon que l'acte de Donation qui fe trouveroit infinué étant imparfait & que n'ayant pû connoître l'Acte qui pouvoit rendre la Donation valable puifqu'il n'auroit pas été infinué, rien n'auroit empêché un tiers de contracter avec le Donateur, au préjudice d'une Donation imparfaite, & à laquelle il manquoit une des principales folemnités qui eſt l'acceptation.

ARTICLE VINGT-UNIEME.

De la peine de nullité à l'égard des Dons mobiles & autres conventions de cette espéce.

Ladite peine de nullité n'aura pas lieu néanmoins à l'égard des Dons mobiles, augmens, contre-augmens, engagemens, droits de de rétention, agencemens, gains de nôces & de survie, dans les Pays où ils sont en usage ; à l'égard de toutes lesquelles stipulations ou conventions, à quelque somme ou valeur qu'elles puissent monter, notre Déclaration du 25 Juin 1729. sera exécutée suivant la forme & teneur.

ORDONNANCES.

L'ON n'a pas cru devoir rapporter ici les Ordonnances qui ont précédé la Déclaration du Roi, dont parle l'Article 21. ci-dessus, attendu qu'elle léve toutes les difficultés qui pourroient se rencontrer au sujet de l'article que nous conférons.

» Voulons & nous plaît, porte la Dé-
» claration du 25 Juin 1729. que l'Edit
» du mois de Décembre 1703. & les Dé-
» clarations données en conséquence, &
» notamment la Déclaration du 20 Mai
» 1708. soient exécutés selon leur forme &
» teneur ; sans néanmoins que les Dons
» mobiles, augmens, contre-augmens,
» engagemens, droits de retention, agen-
» cemens, gains de nôces & de survie
» dans les Pays où ils sont en usage, soient
» sensés avoir été compris dans la dispo-
» sition desdits Edits, & Déclarations,
» encore qu'ils n'ayent pas été insinués
» dans les formes & délais prescrits par
» lesdits Edits & Déclarations : Déclarant
» qu'audit cas ceux qui auront négligé de

» fatisfaire à cette formalité, n'ont dû &
» ne doivent être regardés que comme fu-
» jets aux autres peines prononcées par
» lefdits Édits & Déclarations ; à l'effet
» de quoi nous avons dérogé & dérogeons
» en tant que de befoin feroit à toutes
» difpofitions des Ordonnances précé-
» dentes qui pourroient paroître à ce con-
» traires.

ARTICLE

ARTICLE VINGT-DEUXIE'ME.

Donation d'Effets mobiliers avec tradition réelle non sujette à l'insinuation au-dessous de 1000 liv.

1. **D**Eclaration de 1731. sur les insinuations, Art. 7.
2. Jurisprudence du Parlement de Paris.
3. Et du Parlement d'Aix.
4. Raisons qui ont fait exempter de l'insinuation les Donations de meubles.
5. Que les Donations d'usufruit & de rente
viagere doivent être insinuées.
6. Si les Donations d'Effets mobiliers doivent être insinuées dans les Pays où le
prix des meubles se distribue par ordre
d'hypotèque.
7. Sentimens des Auteurs.
8. Il reste encore de la difficulté sur cette
Question.

L'exception portée par l'Article précédent & par la dite Déclaration aura pareillement lieu à l'égard des Donations des choses mobiliaires, quand il y aura tradition réelle, ou quand elles n'excéderont pas la somme de 1000 liv. une fois payée.

1. L'Article 7. de la Déclaration sur les insinuations est conforme à notre texte : il est même plus étendu : voici comme il s'exprime.

VII. *Voulons pareillement que ladite peine de nullité ne puisse avoir lieu à l'égard des Donations des choses mobiliaires, quand il y aura tradition réelle, ou quand elles n'excéderont la somme de 1000 livres au cas qu'elles n'eussent pas été insinuées, conformément à l'Article premier des présentes : Voulons que les Parties qui auroient negligé de les faire insinuer, soient seulement sujettes à la peine de double Droit, & que les Droits*

*defdites Donations foient payés conformément
à ce qui eft prefcrit par l'article précédent.*

2. Quoique les anciennes Ordonnances n'ayent point diftingué les Donations des chofes mobiliaires, par rapport à l'infinuation, & que comme nous l'avons dit, le Droit Romain les y eût affujetties nommément lorfqu'elles excéderoient 500 écus d'or ; cependant, par un ufage conftant confacré par nombre d'Arrêts on jugeoit au Parlement de Paris que les Donations particulieres de meubles étoient exemptes de l'infinuation. Papon, *liv.* 11. *tit.* 1. *n.* 40. cite un Arrêt qui le décide ainfi. M. Louet & fon Commentateur, lettre *D.* *n.* 24. Chenu , *premiere Cent. queft.* 72. & Bardet, *tom.* 2. *liv.* 1. *ch.* 38. citent plufieurs Arrêts femblables.

3. Au Parlement de Provence la Jurifprudence étoit la même, Boniface *tom.* 1. *liv.* 7. *tit.* 2. *ch.* 2. & 5.

4. Cependant quand la fomme étoit confidérable , & quand les meubles faifoient la plus grande partie de la fortune du Donateur , on affujettiffoit la Donation à l'infinuation, quoiqu'elle n'eût pas la qualité d'univerfelle, & quoiqu'il y eût des meubles de quoi l'accomplir , parce que, comme dit Ricard , *n.* 1153. & 1154. la prin

cipale confidération qui a fait difpenfer de l'infinuation les Donations particulieres de meubles, eft que la poffeffion des chofes mobiliaires eft de peu d'importance & très-incertaine, enforte qu'on ne préfume pas que des meubles ayent pû entrer dans les motifs qui ont déterminé le Créancier à contracter ; or, comme ces confidérations ne fe trouvent plus dans une Donation d'une fomme confidérable, ou d'une portion de meubles qui conftitue la meilleure partie de la fortune d'un Particulier, la difpofition générale des Ordonnances reprend fa vigueur. Mais quelque judicieufe que fût cette diftinction, elle laiffoit toujours quelque chofe d'incertain & d'arbitraire dans la quantité à laquelle il falloit fixer les meubles dont la Donation étoit fujette à l'infinuation. Notre article & l'article 7. de la Déclaration que nous venons de citer, a tranché toute difficulté, en difant qu'il n'y auroit que les Donations de meubles faites avec tradition réelle, à quelque fomme qu'ils puffent monter, ou celles qui n'excéderoient pas 1000 livres une fois payées, qui feroient exemptes, non pas de l'infinuation, mais de la peine de nullité, faute d'infinuation ; ce qui fait une grande différence : car les autres Donations que celles men-

tionnées dans l'article , feront déclarées
nulles faute d'infinuation ; tandis que celles-
là ne feront fujettes qu'au double droit du
Fermier aux termes de la Déclaration du 25
Juin 1729.

5. Les Donations d'ufufruit des meubles
ni celles des rentes viageres ne peuvent
être mifes au rang des Donations d'Effets
mobiliers , car l'ufufruit fait partie de l'immeuble , & eft réputé de même nature ; &
la rente viagere ne peut être cenfée exifter que fur des fonds , puifque les Effets
mobiliers ne produifent point de fruits. Il
faut donc que les unes & les autres foient
infinuées , comme on le jugeoit avant l'Ordonnance. *Voyez Ricard* , *partie premiere* ,
n. 1157. *& fuiv*. où il réfute l'opinion
contraire de Brodeau fur Louet. *Lettre D*.
n. 23.

6. La Jurifprudence , en exemptant les
Donations de meubles de l'infinuation ,
avoit laiffé indécife une queftion qui a été
fort agitée ; c'eft celle de fçavoir fi cette
même exemption auroit lieu à l'égard des
Pays où les deniers provenans du prix
des meubles font diftribués par ordre d'hypotèque : comme en Anjou , *Art*. 421. &
490. de la Coutume. Au Maine , *Art*. 476.
& 494. En Normandie , 482. En Bretagne
331. & 577. *&c*.

O iij

7. M. Mainard en ses questions de Droit, *liv* 6. *ch.* 64. dit que de son tems la question avoit été différemment jugée au Parlement de Toulouse. M. Cambolas, *décision* 2. *ch.* 20. veut que, si la Donation a été exécutée par une tradition réelle & actuelle, l'insinuation soit inutile, mais qu'elle est indispensable si les Effets mobiliers sont restés en la possession du Donateur. Il cite un Arrêt qui confirme son opinion.

8. La distinction que fait M. de Cambolas paroît très-judicieuse; cependant il peu encore rester de la difficulté depuis notre article : car il est très-possible que dans les pays où le prix des meubles se distribue par hypotéque quelqu'un en donne pour la valeur de 1000 livres , en se réservant l'usufruit des choses données ; à s'en tenir aux termes de cet article , une pareille Donation n'auroit pas besoin d'être insinuée , & cependant elle pourroit faire tort à des Créanciers légitimes. Nous croyons donc que dans ce cas il faudroit assimiler les Donations mobiliaires aux Donations d'immeubles , puisque dans ces pays les meubles sont regardés comme immeubles à cet égard , & que le prix en est distribué de la même façon : la raison générale qui a fait exempter les Donations de meubles

de la nullité faute d'infinuation , eft que
ces effets font cenfés n'avoir pas dû entrer
dans les raifons qui ont déterminé le
Créancier à prêter, attendu que fuivant le
droit commun du Royaume, le prix ne
devoit pas s'en diftribuer par ordre d'hypotèque : ici cette raifon change, & les meubles étant affimilés aux immeubles, les Donations qu'on en fait doivent être aftraintes
aux mêmes formalités.

ARTICLE VINGT - TROISIE'ME.

Du lieu où doit se faire l'insinuation.

1. *LE Droit Romain laissoit le choix du lieu de l'insinuation.*

2. *Disposition de l'Ordonnance de 1539. sur le lieu où devoit se faire l'insinuation.*

3. *Difficulté que cette Ordonnance laissoit subsister.*

4. *Déclaration de 1559. & le doute qu'elle laissoit.*

5. *L'Article 58. de l'Ordonnance de Moulins leva la difficulté.*

6. *Mais il ne mit pas fin à tous les doutes.*

7. *L'Ordonnance de 1612. eut pour but de les lever.*

8. *On croyoit avant notre Article que l'insinuation faite aux Pairies étoit bonne.*

9. *Déclaration de 1645.*

10. *Difficultés qu'elle fit naître.*

11. *Edit de 1703. & Déclaration de 1704. en interprétation.*

12. *Déclaration de 1717. & de 1729.*

13. *Déclaration de 1731. sur l'insinuation des Donations.*

Dans tous les cas où l'infinuation eſt néceſſaire, à peine de nullité, les Donations d'immeubles réels, ou de ceux qui ſans être réels, ont une aſſiette ſelon les Loix, Coutumes ou uſages des lieux, & ne ſuivent pas la perſonne du Donateur, ſeront infinuées ſous ladite peine de nullité aux Greffes des Bailliages ou Sénéchauſſées Royales ou autre Siége Royal reſſortiſſant nuement en nos Cours, tant du domicile du Donateur que du lieu dans lequel les biens donnés ont leur aſſiéte, & à l'égard des Donations des choſes mobiliaires, même des immobiliaires qui n'ont point d'aſſiette, & ſuivent la perſonne, l'infinuation s'en fera ſeulement au Greffe du Bailliage ou Sénéchauſſée Royale, ou autre Siége Royal, reſſortiſſant nuement en nos Cours du domicile du Donateur. Défendons de faire aucune infinuation dans d'autres Jurifdictions Royales, ou dans les Juftices Seigneuriales, même dans celles des Pairies ; & en cas que le Donateur y ait fon domicile, ou que les biens donnés y foient fitués, l'infinuation fera faite au Greffe du Siége qui a la connoiflance des cas Royaux dans le lieu dudit domicile, ou de la fituation des biens donnés : le tout à peine de nullité.

DROIT ROMAIN.

1. LES Loix Romaines laiffoient au Donateur la liberté de faire infinuer la Donation où il vouloit. *Ut ipfa Donatio fita eft in voluntate donantis, ita ei liceat Donationem fuam apud quemcumque ex memoralis judicibus voluerit infinuare, & hæ Donationes apud quemlibet fuerint publicatæ obtineant inconcuffam & perpetuam fir-*

mitatem. L. 30. de Donationibus. Voyez la Loi 32. *ibid.* qui change quelque chofe à celle-ci.

ORDONNANCES.

2. LES Ordonnances du Royaume ont long-tems varié fur le lieu où fe devoit faire l'infinuation. L'Article 132. de l'Ordonnance de François I. donnée en 1539. veut qu'elle foit faite *dans les Cours & Jurifdictions ordinaires des Parties & des chofes données.*

3. Cette difpofition donna lieu à une difficulté confidérable c'étoit de fçavoir fi l'infinuation pouvoit fe faire dans les Juftices Seigneuriales comme dans les Royales. Elle fut levée en partie par la difpofition de la Déclaration de 1549. portant qu'en ce que l'article 132. ci-deffus porte que les Donations feront infinuées ès Cours & Jurifdictions des chofes données : *Nous entendons que ladite infinuation fe faffe en la Jurifdiction Royale des lieux où les chofes données feront affifes.*

4. La Déclaration de 1549. laiffoit encore un doute, elle ne parle que de la Jurifdiction de la fituation des lieux, & celle de 1539. réquéroit également l'infinuation dans la Jurifdiction de la demeure des Parties.

5. Enfin l'article 58. de l'Ordonnance de Moulins leva cette difficulté, en difant : » l'infinuation fera faite ès Greffes de nos » Siéges ordinaires de l'affiette des chofes »données, & de la demeure des Parties.

6. L'Ordonnance de Moulins ne mit pas encore fin à tous les doutes qui s'étoient élevés fur le lieu & fur la Jurifdiction où fe devoit faire l'infinuation, on fut incertain lorfqu'il y a deux Jurifdictions dans une même Ville , de fçavoir en laquelle des deux faire l'infinuation ; on voulut faire des diftinctions entre les nobles & les roturiers & entre les biens qui faifoient la matiere des Donations.

7. L'Ordonnance du 17 Décembre 1712. eut pour objet de faire ceffer toutes ces incertitudes. En voici les motifs & les difpofitions « fur les différens mûs touchant les » lieux efquels fe doivent faire les infinua- » tions , à caufe qu'en beaucoup de Villes » & endroits il y a deux dégrés de Jurifdic- » tion Royale , Bailliage & Prevôté , & » fur les difficultés qu'on auroit apportées » touchant la qualité des perfonnes & des » héritages & biens donnés , d'autant que » les Greffiers des Bailliages & Séné- » chauffées , prétendoient devoir infinuer » les Donations des Nobles , & celles qui » contenoient des terres & chofes nobles ;

» ce qui auroit causé diversité de Jugemens
» & Arrêts : à quoi voulant remedier &
» empêcher le désordre, avons validé &
» validons toutes & chacunes les insinua-
» tions des contrats & dispositions sujettes
» à icelle par lesdites Ordonnances faites
» aux Siéges de nos Justices ordinaires, sans
» distinction du second ou premier dégré
» de nos Jurisdictions, étant en même Ville,
» pourvû qu'elles soient faites aux Siéges de
» nos Justices, établis aux lieux plus pro-
» chains de l'assiette des choses données &
» du Domicile des Parties, suivant lesdites
» Ordonnances, confirmé, validé, aprouvé
» autorisé tous & chacuns les contrats de
» Donations & autres dispositions, en quel-
» que maniere que ce soit, faits jusqu'à ce
» jour insinués dans le tems porté par
» lesdites Ordonnances en l'un ou en l'autre
» desdits Greffes des Prevôtés ou Bailliages,
» ou Sénéchaussées ; voulons qu'ils sortent
» leur plein & entier effet, pourvû qu'ils
» ne soient débattus pour autre chose que
» pour avoir été insinués en l'un desdits
» Greffes, nonobstant les Arrêts donnés
» à ce contraire, que ne voulons nuire aux
» Parties. Voulons que doresnavant du jour
» que ces Présentes auront été lûes &
» publiées aux Siéges desdites Justices, ès
» Villes esquelles y aura Siége de Prevôt,

» Châtelain, Vicomte ou autre Jurifdiction
» inférieure, & pareillement Siége de Bail-
» liage & Sénéchauffée les infinuations fe-
» ront faites aux Siéges defdits Bailliages
» & Sénéchauffées, & en ceux defdites
» Prevôtés indifféremment fans aucune dif-
» tinction, & que les Donations & autres
» difpofitions ne pourront être debattues
» pour le défaut de ladite infinuation,
» pourvû qu'elles ayent été infinuées en
» l'un ou en l'autre defdits Greffes de Bail-
» liage & Sénéchauffée ou Prevôté, étant
» en même Ville.

8. Quoique ces Ordonnances ne duffent
laiffer aucun doute que l'infinuation faite
autre part que devant le Juge Royal n'étoit
pas valable, on a cependant prétendu depuis que celle faite à une Pairie étoit bonne,
cela fondé fur la prééminence de cette Jurifdiction fur les Jurifdictions Seigneuriales
ordinaires : mais c'étoit aller contre les
difpofitions formelles de l'Ordonnance ;
auffi le Parlement de Paris a-t'il condamné
cette opinion, par Arrêt du 16 Avril
1615. mis au nombre des arrêtés de la
cinquiéme Chambre des Enquêtes.

9. Au mois de Mai 1645. le Roi, par
une Déclaration portant confirmation de
l'établiffement des Offices de Greffiers des
infinuations laïques, ordonna *que toutes*

Donations par lui faites ou par les Particu-liers, tant entre-vifs qu'à cause de mort, soit par testament, contrat de mariage ou au-trement, pour quelque cause ou occasion que ce soit, les dons de droit d'aubaine, &c. seront nuls & de nul effet, s'ils ne sont insi-nués & enregistrés ès Registres des insinuations du Ressort du Bailliage ou Justice du domi-cile des Donateurs ou Testateurs, & où seront situés les biens & choses données.

10. Ces Offices n'ayant pas été levés dans toutes les Villes du Royaume, les Greffiers des Justices ordinaires resterent dans beau-coup d'endroits en possession de faire les in-sinuations ; & cette confusion fit naître la question de sçavoir si l'insinuation étoit également bonne lorsqu'elle avoit été faite par le Greffier ordinaire quoiqu'il y en eût un particulier pour les insinuations laïques dans la même Ville.

11. On dut trouver de quoi lever cette difficulté dans l'Édit du mois de Décembre 1703. portant suppression des anciens Of-fices de Greffiers des insinuations laïcques & création nouvelle des mêmes Offices dans tous les lieux où il y avoit Jurisdiction Royale. Cet Édit porte *que toutes Dona-nations entre-vifs ou à cause de mort soit de meubles ou immeubles, à l'exception de celles faites en ligne directe par contrat de mariage &c.*

&c. seront enregistrées & insinuées dans le Registre desdits Greffes, &c. Voir aussi la Déclaration du 19 Juillet 1704. donnée en interprétation de l'Édit ci-dessus, qui porte la même disposition.

12. Cette derniere Déclaration a donné lieu à un nouveau doute. On a demandé si l'insinuation faite en conséquence aux Bureaux établis dans les lieux dépendans des Justices Seigneuriales étoient valables. La Déclaration du 30 Novembre 1717. a décidé la question pour l'affirmative, & cette décision a été confirmée par l'article 21. de la Déclaration du 25 Juin 1729.

13. Enfin est intervenu la Déclaration du Roi du 17 Février 1731. qui, article premier, porte que les Donations seront insinuées ; sçavoir, « celles d'immeubles » réels, ou d'immeubles fictifs, qui ont » néanmoins une assiette aux Bureaux éta- »blis pour la perception des droits d'insi— » nuation, près les Bailliages ou Séné- » chauffées Royales ou autre Siége Royal » ressortissant nuement en nos Cours ; tant » du lieu du domicile du Donateur que de » la situation des choses données, & celles » des meubles ou des choses immobiliaires » qui n'ont point d'assiette aux Bureaux » établis près lesdits Bailliages, Séné- » chauffée ou autre Siége Royal ressortissant

» nuement en nos Cours du lieu du Domi-
» cile du Donateur feulement. Et au cas que
» le Donateur eût fon domicile, ou que les
» biens donnés fuffent fitués dans l'étendue
» des Juftices Seigneuriales , l'infinuation
» fera faite aux Bureaux établis près le Siége
» qui a la connoiffance des cas Royaux,
» dans l'étendue defdites Juftices ; le tout
» dans le tems & fous les peines portées par
» l'Ordonnance de Moulins & la Déclara-
» tion du 17 Novembre 1690. Déclarons
» nuls & de nul effet toutes les infinuations
» qui feroient faites à l'avenir en d'autres
» Jurifdictions. Dérogeons à tous Édits &
» Déclarations à ce contraires.

JURISPRUDENCE.

14. **L**A Jurifprudence des Cours n'a
pas été plus uniforme que les Ordonnances fur le lieu où devoit fe faire l'infinuation. Henrys , *liv. 4. queftion 50.* nous
attefte que de fon tems l'infinuation fe faifoit aux Sieges Royaux inférieurs , lorfque
les Donateurs demeuroient dans l'étendue
de ces Jurifdictions ; & cela préférablement
aux Siéges Supérieurs reffortiffans nuement
aux Cours. Arrêt du Parlement de Paris.
A préfent elle ne peut fe faire qu'aux Jurifdictions reffortiffantes nuement aux Parlemens.

15. Le même Auteur nous apprend qu'on faisoit distinction entre les Nobles & les Roturiers : les premiers n'étoient obligés de faire faire l'insinuation que devant le Juge de leurs causes. Dolive , *ch. 1. liv. 4.* de ses questions notables. Le Prêtre, *centurie premiere, ch. 44.* La Perriere dans ses décisions , *lettre I. n. 26.* Cette distinction ne peut plus avoir lieu.

16. On a prétendu autrefois que la Donation d'une Terre devoit être insinuée au Greffe de la Jurisdiction Royale où étoit situé le Fief dont la Terre relevoit , & qu'il ne suffisoit pas que l'insinuation fût faite dans la Jurisdiction Royale où cette Terre étoit située.

17. On a prétendu en second lieu que l'on étoit obligé de faire insinuer hors de France , & dans les lieux de la situation des choses , une Donation de biens dont partie étoit hors du Royaume. L'Arrêt du 12 Mars 1686. rendu au Parlement de Paris a jugé le contraire de ces deux propositions; *Journal du Palais.*

18. Pour connoître la Jurisprudence du Parlement de Dijon , voir les Arrêts de Bouvot, *Partie II. verbo insin. quest. premiere & partie 5. verbo don. quest. 3 & 6. au tom. 2. verbo don. quest. 5.*

19. Le Parlement de Paris , dans son

Arrêt d'enregiſtrement de l'Ordonance de Louis XIII. de 1612. avoit arrêté que dans les lieux où il n'y a qu'un Siége l'inſinuation y ſeroit faite, ſans qu'elle pût l'être au Greffe du Bailliage ou Sénéchauſſée, où reſſortiſſent les appellations du premier Siége. Notre article abroge cet uſage, qui d'ailleurs entraînoit de grands inconvéniens ; car il y avoit bien des petites Juriſdictions Royales où les Greffiers ne tenoient point de Regiſtres ; & dans pluſieurs Provinces les Regiſtres paſſent à des veuves ou des héritiers qui n'en ont pas ſoin. Notre article a remédié à cet inconvénient, en ne permettant l'inſinuation qu'aux Greffes des Juriſdictions reſſortiſſans nuement aux Cours.

20. Le Parlement de Touloulſe jugeoit que les Nobles n'étoient pas obligés de faire inſinuer dans les Greffes des premieres Juriſdictions, mais aux Bailliages & Sénéchauſſées, parce que, ſuivant l'Édit de Cremieu, les Nobles ne reconnoiſſent que ces Tribunaux pour les juger.

21. Le Parlement de Rouen vouloit que l'inſinuation fût faite au Bailliage, & quand les héritages étoient ſitués dans la Vicomté il falloit faire l'inſinuation dans les deux Siéges.

22. Dans la Lorraine & le Barrois, ſui-

vant l'Édit du Duc Leopold du 13 Décembre 1718. l'infinuation des Donations devoit être faite dans les Prevôtés Royales pour les biens roturiers & dans les Bailliages pour les Nobles.

OBSERVATIONS.

23. L'Article 23 que nous conferons, & l'article premier de la Déclaration concernant les infinuations ont levé les principales difficultés qui s'étoient élevées fur la queftion de fçavoir où devoit fe faire l'infinuation des Donations. On pourroit cependant douter encore, lorfque le Donateur a changé de domicile entre le tems de la Donation & celui de l'infinuation, auquel Greffe fe doit faire l'infinuation: fera-ce au Greffe du nouveau domicile, ou de l'ancien ?

24. Ricard, *partie premiere*, *n.* 1212. fait à cet égard une diftinction qui nous a paru judicieufe. Si l'infinuation eft faite dans les quatre mois, comme elle a un effet rétroactif au jour de la Donation, il faut qu'elle foit faite au Greffe de l'ancien domicile. Si elle eft faite après, comme elle n'aura d'effet que du jour de l'infinuation, elle doit être faite au Greffe du nouveau domicile.

P iij

25. Le même Auteur agite encore une queſtion que l'article que nous conferons n'a pas décidée expreſſément ; c'eſt celle de ſçavoir comment & en quel lieu doit ſe faire l'inſinuation des inſtitutions contractuelles , & des Donations de biens préſens & à venir , voyez la diſſertation de Ricard dans le Traité , même au nombre 1220. de la premiere partie.

26. Il reſte encore une difficulté à l'égard de l'Article 23. de notre Ordonnance. Il veut que l'inſinuation ſoit faite au Greffe des Bailliages ou Sénechauſſées Royales, ou autre Siege Royal reſſortiſſant nuement aux Parlemens ; & l'article premier de la Déclaration du 17 Fevrier 1731. veut que ce ſoit aux Bureaux établis pour la perception des Droits d'inſinuation près les Bailliages ou Sénechauſſées Royales ou autre Siege Royal reſſortiſſant nuement aux Parlemens.

27. Faudra-t-il , comme le prétend M. Furgole , dans ſes obſervations ſur cet article , que l'inſinuation ſoit faite aux Bureaux , ſuivant la Déclaration du mois de Fevrier , & en même tems aux Greffes des Juriſdictions , aux termes de notre article ; ou bien aura-t-on l'option de la faire dans l'un des deux endroits à ſa volonté.

28. Boutaric propose la question sans décider : ce qui augmente encore le doute c'est que l'article 25. de notre Ordonnance se refere à la Déclaration sur les insinuations, à l'égard du salaire du Greffier dépositaire du Regiftre ; mais ce qui doit lever l'incertitude à cet égard , c'est l'article 4. de la même Déclaration , qui veut qu'à la fin de chaque année , & quatre mois après, les Commis des Bureaux des insinuations soient tenus de remettre leurs Regiftres aux Greffiers des Jurifdictions, auprès desquelles ils font établis : par - là l'Ordonnance fait assez entendre que les Bureaux des insinuations ne font établis que pour percevoir les Droits qui font dûs au Roi pour les insinuations , que la fonction des Commis n'est que de transcrire les actes ; mais que ce font les Juges de la Jurifdiction qui donnent l'autenticité aux Regiftres , & les Greffiers qui en restent Dépositaires : ensorte que quoique les Bureaux, & les Greffes paroissent faire deux endroits différens où l'on est obligé de faire insinuer les Donations ; cependant les Regiftres qui s'y tiennent font les mêmes.

29. Au témoignage de Bretonnier , dans les questions notables de Droit , au mot

infinuation, il y a trois Parlemens qui défirent des formalités particulieres, outre l'infinuation & les autres folemnités ordinaires.

30. Le Parlement de Rouen veut que la Donation foit lûe & publiée à l'Audience les Affifes tenantes; fi avant le jour des Affifes les quatre mois étoient prêts d'expirer, en ce cas il faut faire la publication à l'Audience ordinaire, à la charge de la réiterer aux prochaines Affifes.

31. Le Parlement de Dauphiné veut qu'elle foit faite devant le Juge, en préfence de deux parens ou voifins, fuivant un Statut fait du tems de Louis II. rapporté par Gui Pape.

32. Le Parlement de Provence veut que le Donateur déclare en jugement en préfence de deux parens du Donataire ou du Syndic du lieu, & au défaut de parens, en préfence de deux Confuls, que telle eft fa volonté : ce Statut eft rapporté par Morgues page 57.

33. On pourroit douter qu'il fût néceffaire de remplir ces formalités depuis l'Ordonnance qui paroît comprendre toutes celles qui peuvent être néceffaires à la validité des Donations ; mais l'Ordonnance n'ayant pas abrogé ces ufages, &

ces ufages ne tendant qu'à rendre les Donations plus publiques & plus autentiques : il n'eft pas douteux qu'on doit remplir ces formalités comme auparavant l'Ordonnance.

L'article deux de la prefente Ordonnance le porte même expreffément, en difant que les Donations entre-vifs feront faites en la forme ordinaire des contrats & actes paffés pardevant Notaires, & en obfervant les autres formalités qui y ont eu lieu jufques à préfent, fuivant les differentes Loix, Coutumes & ufages des Pays.

ARTICLE VINGT-QUATRIE'ME.

Forme du Regiſtre & de l'Inſinuation.

Sera tenu à l'avenir dans chaque Bailliage ou Sénéchauſſée Royale, un Regiſtre particulier qui ſera cotté & paraphé à chaque feuillet par le premier Officier du Siége, clos & arrêté à la fin de chaque année par ledit Officier, dans lequel Regiſtre ſera tranſcrit en entier l'Acte de Donation, ſi elle eſt faite par un Acte ſéparé, ſinon la partie de l'Acte qui contiendra la Donation, ſes charges ou conditions, ſans en rien obmettre, à l'effet de quoi la Groſſe ou expédition dudit Acte ſeront repréſentés ſans qu'il foit néceffaire de rapporter la minutte.

ORDONNANCES.

1. L'Article 2. de la Déclaration fur les infinuations eft conforme. « Vou-
» lons, porte cet Article, qu'à commen-
» cer au premier Juillet prochain, les Com-
» mis établis dans chacun defdits Bureaux,
» lefquels feront tenus de prêter ferment
» pardevant le Lieutenant Général des Sié-
» ges ci-deffus nommés, tiennent un Re-
» giftre féparé, cotté & paraphé par ledit
» Lieutenant Général, ou par le premier
» ou plus ancien Officier du Siege, en
» fon abfence, dans lequel les Actes de
» Donations, fi elles font faites par un
» Acte féparé, finon la partie de l'Acte
» qui contiendra la Donation, avec toutes
» fes charges ou conditions, feront inférés
» & enregiftrés tout au long. Pour le para-
» phe defquels Regiftres il fera pris dix fols
» pour ceux de cinquante feuillets & au-
» deffous, vingt fols pour ceux de cent
» feuillets, & trois livres pour ceux qui con-
» tiendront plus de cent feuillets.

ARTICLE VINGT-CINQUIEME,

Publicité du Regiſtre.

Le Dépoſitaire dudit Regiſtre ſera tenu d'en donner communication toutes les fois qu'il en ſera requis & ſans ordonnance de Juſtice, même d'en délivrer un Extrait ſigné de lui, ſi les Parties le demandent, le tout ſauf ſon ſalaire raiſonnable & ainſi qu'il eſt reglé par notre Déclaration du 17 du préſent mois.

ORDONNANCES.

1. **L**ES Articles 3. 4. & 5. de la Déclaration ſur les Inſinuations, portent, Article 3. « Leſdits Commis ſeront » tenus de communiquer leſdits Regiſtres,

» fans déplacer à tous ceux qui le deman-
» deront, & de fournir des Extraits, ou
» Expéditions en papier, fuivant qu'ils en
» feront requis, des actes y inferés, &
» ne fera pris que dix fols pour le droit de
» recherche dans chaque Regiftre, & pa-
» reille fomme pour chaque Extrait délivré,
» & en cas qu'ils fuffent requis de délivrer
» des expéditions entieres des Actes enre-
» giftrés, il leur fera payé par Rôle de
» Groffe le même droit qui fe paye pour les
» Expéditions en papier au Greffe du Siége
» près lequel ils font établis.

» Article 4. lefdits Regiftres feront clos
» & arrêtés à la fin de chaque année par le
» Lieutenant Général ou le premier & plus
» ancien Officier du Siége en fon abfence,
» & quatre mois après feront mis au Greffe
» de la Jurifdiction, à quoi faire lefdits
» Commis feront contraints par corps, à
» la diligence des Subftituts de nos Pro-
» cureurs Généraux, & fera dreffé procès-
» verbal par le Lieutenant Général, ou par
» le premier ou plus ancien Officier du Siége
» de l'état des Regiftres, au bas duquel le
» Greffier de la Jurifdiction s'en chargera
» pour en donner communication toutefois
» & quantes, même en fournir des Extraits
» gratis à nos Fermiers ou à leurs Com-
» mis, en lui rembourfant les frais du pa-

» pier timbré feulement, à peine de cent
» livres d'amende qui fera encourue fur le
» fimple procès-verbal defdits Commis.

» Article 5. Lefdits Greffiers feront pa-
» reillement tenus de communiquer lefdits
» Regiftres, fans déplacer à tous ceux qui
» le demanderont, & de fournir des Ex-
» traits ou expéditions auffi en papier,
» fuivans qu'ils en feront requis, des Actes
» y inférés ; leurs défendons de prendre
» pour raifon de ce d'autres Droits que ceux
» qui font attribués aux Commis par l'Ar-
» ticle 3. des Préfentes.

ARTICLE VINGT-SIXIEME.

Quand l'infinuation doit être faite.

1. *L'Ordonnance de François I. ne fixoit point le tems de l'infinuation.*

2. *L'Edit de 1549. l'a fixé.*

3. *La Déclaration de 1690. eft conforme à cet Edit.*

4. *Diverfité de Jurifprudence ; celle du Parlement de Touloufe.*

5. *Jurifprudence du Parlement de Paris.*

6. *Jurifprudence du Parlement de Rouen.*

7. *Avant l'Ordonnance l'on déclaroit nulle la Donation non infinuée avant la mort du Donataire.*

8. *Sentiment de Ricard.*

9. *Refutation.*

10. *De quel jour doit courir le délai pour une Donation acceptée après coup.*

11. *Sentiment de Ricard.*

12. *Quid, à l'égard des Donations faites fous condition.*

13. *Sentiment de Ricard.*

Lorſque l'inſinuation aura été faite dans les délais portés par les Or-donnances ; même après le décès du Donateur ou du Donataire ; la Donation aura ſon effet du jour de ſa datte , à l'égard de toutes ſor-tes de perſonnes. Pourra néan-moins être inſinuée après leſdits délais , même après le décès du Do-nataire , pourvû que le Donateur ſoit encore vivant, mais elle n'au-ra effet en ce cas que du jour de l'inſinuation.

ORDONNANCES.

1. IL n'y avoit point de Loix chez les Romains qui fixaſſent les délais pour faire l'inſinuation. L'article 1 3 2. de l'Ordon-nance de François I. que nous avons cité ſur l'article 24. ne fixoit point non plus le tems
où

où se devoit faire l'insinuation. Il laissoit encore une autre difficulté, en disant vaguement que les Donations seroient déclarées nulles faute d'insinuation, & qu'elles ne commenceroient à avoir d'effet que du jour qu'elles auroient été insinuées. Cet article avoit donné lieu de penser que l'insinuation étoit de l'essence de la Donation même à l'égard du Donateur, ensorte qu'on croyoit qu'il pouvoit la révoquer tant qu'elle n'étoit point insinuée. D'autres tenoient pour l'opinion contraire.

2. Ces difficultés furent levées par l'article 3. de l'Édit de 1549. donné en interprétation de l'Ordonnance de François I. Il porte. » Nous déclarons & ordonnons » que sous le nom de Donations seront » comprises & sujettes à l'insinuation les » Donations faites en traité de mariage, & » autres Donations faites entre vifs, com- » bien qu'elles ne soient simples, ains ré- » munératoires ou autrement causées, & » non les Donations faites pour cause de » mort qui se peuvent révoquer par le Do- » nateur jusqu'à la mort, lesquelles ne seront » sujettes à aucune insinuation, & en ce » que ledit article porte que les Donations » seront insinuées ès Cours & Jurisdictions » des choses données, nous entendons que » ladite insinuation se fasse à la Jurisdiction

» Royale des lieux où lefdites chofes don-
» nées feront affifes, fans préjudice toute-
» fois des Procès pendans & indécis fur l'in-
» telligence & interprétation de ladite Or-
» donnance.

3. La Déclaration du 15 Novembre 1690. confirme encore ces difpofitions ; *les Donations pourront être infinuées pendant la vie des Donateurs , encore qu'il y ait plus de quatre mois qu'elles ayent été faites , & fans qu'il foit befoin d'aucun confentement du Donateur ni du jugement qui l'ait ordonné , & lorfqu'elles ne feront infinuées qu'après les quatre mois , elles n'auront effet contre les Acquéreurs des biens donnés & contre les Créanciers des Donateurs que du jour qu'elles auront été infinuées.*

JURISPRUDENCE.

4. **L**ES Parlemens interprétoient dif-féremment l'Article 58. de l'Or-donnance de Moulins , celui de Touloufe réfervoit au Donateur la faculté de révoquer fa Donation lorfque le Donataire avoit laiffé paffer les quatre mois fans faire in-finuer la Donation ; par l'article fuivant de notre Ordonnance , il n'y a que le Donateur feul qui ne puiffe pas exciper du défaut d'infinuation , c'eft une formalité qui lui

est étrangere , par rapport à la validité de l'Acte relativement à lui.

On jugeoit encore au Parlement de Toulouse que lorsque le Donateur n'avoit pas fait, avant de mourir, signifier sa révocation, ses Héritiers ne pouvoient pas en exciper , on réputoit alors la Donation faite à cause de mort, laquelle n'avoit pas besoin d'insinuation. Cependant le même Parlement rendit un Arrêt le 24. Janvier 1630. par lequel il jugea que les enfans du Donateur pouvoient révoquer de leur chef la Donation universelle de tous biens , faite par le pere à un étranger à la charge de leur fournir leur légitime seulement , faute par le Donataire d'avoir fait insinuer la Donation. Voir M. Dolive, *liv. 4. ch. 4.* La Rocheflavin , *liv. 6 tit. 40. art. 13.* Mainard , *liv. 2. ch.* 54 , 57 *& 60. liv. 7. ch.* 93. & Cambolas , *liv. 6. ch. 3.* toutes ces décisions étoient absolument contraires aux Ordonnances , & notre texte les condamne de nouveau.

5. au Parlement de Paris on jugeoit que l'insinuation pouvoit se faire après les quatre mois , pourvû que le Donateur fût vivant; Bouvot , *tom. I. partie I. verb. insin. quest. 2.* Montolon, Arrêt 20. la Jurisprudence étoit constante à cet égard , & l'article que nous

conférons la confirme encore ; mais on y jugeoit qu'elle ne se pouvoit faire après la mort du Donataire quand les quatre mois étoient expirés. Notre article déroge à ce dernier point de Jurisprudence.

On jugeoit encore au même Parlement que l'insinuation avoit un effet rétroactif au jour de la Donation ; mais uniquement dans le cas où elle auroit été faite dans les quatre mois, sinon elle n'avoit d'effet que du jour de l'insinuation. M. Louet, *lettre I. n. 1. lettre D. san. 6.* Montolon, Arrêt 80. c'est aussi la disposition de notre texte.

6. Le Parlement de Rouen suivoit la même Jurisprudence ; Basnage, *sur l'article* 448. de la Coutume de Normandie.

Le Parlement de Toulouse suivoit une Jurisprudence contraire à l'égard de l'effet rétroactif de l'insinuation faite dans les quatre mois. Mainard, *liv.* 2. *ch.* 52. Catellan, *liv.* 8. *ch.* 9.

OBSERVATIONS.

7. L'Article que nous conferons a diffipé les doutes qui s'étoient élevés fur l'effet que devoit avoir l'infinuation faite dans les quatre mois, & a changé la Jurifprudence du Parlement de Paris en ce qu'elle jugeoit nulle l'infinuation faite après les quatre mois, lorfque le Donataire étoit mort fans l'avoir faite.

8. Au témoignage de Ricard, *Partie premiere*, *n. 1276.* Cette Jurifprudence étoit fondée fur ce qu'un Acte ne peut pas être divifé, & que la Donation doit être parfaite dans tous fes points du vivant du Donataire, ou du moins dans les quatre mois accordés pour faire l'infinuation, & que le Donataire étant mort avant que la Donation fût revêtue des formalités néceffaires pour la faire valoir, il faudroit, pour la rendre valable en faveur des Héritiers, donner de nouveau.

9. Mais on eft étonné que Ricard, mieux inftruit que perfonne des vrais principes de la matiere, fe foit rendu l'apologifte de cette Jurifprudence, d'autant qu'il a dit lui-même, quelques pages plus haut, que l'infinuation eft une formalité extrinsèque de la Donation, qu'elle n'empêche point

la perfection substantielle de l'acte, & qu'elle n'a pour objet que de rendre public un acte déja parfait entre le Donateur & le Donataire. L'insinuation ne peut donc être regardée comme faisant partie de la substance de l'acte, elle peut donc en être séparée, sans que pour cela, on puisse dire que l'Acte soit divisé : C'est une solemnité extrinsèque qui ne regarde que des tiers, & le droit étant irrévocablement acquis aux Héritiers du Donataire, par la perfection de l'Acte, ils ont toujours dû être conservés dans la faculté de le faire revêtir des formalités qui ne sont propres qu'à le faire valider, relativement à des Étrangers. Ainsi l'Ordonnance a adopté les anciens principes, en disant que l'insinuation pourra se faire en tous tems, même après la mort du Donataire, pourvu que le Donateur soit encore vivant.

10. Le même Auteur, *au nomb.* 127¾ *premiere partie*, agite une question qui n'a pas été décidée par notre Article. Il suppose une Donation faite à un absent, & qui n'a été acceptée qu'après coup : il demande de quel jour dans ce cas, courreront les délais pour l'insinuation ; fera-ce du jour de la Donation, fera-ce du jour de l'acceptation ?

11. Cet Auteur dit d'abord que l'Or-

donnance de Moulins, veut que le délai
pour infinuer courre *à compter du jour &*
datte d'icelles Donations, & que par conféquent on pourroit dire que c'eft du jour
de la Donation que court le délai. Il auroit
pû ajouter qu'en le faifant courrir du jour
de l'acceptation, ce feroit ajouter fiction
fur fiction : car en ce cas ce feroit fuppofer que l'acceptation auroit été faite du
jour de la Donation ; & que l'infinuation
auroit été faite du jour de l'acceptation.

Mais il fe décide pour l'opinion contraire & il veut que ce foit du jour de l'acceptation parce que c'eft de ce moment-là
feulement que l'Acte a reçu fa perfection.
En effet, tant qu'il n'y a point eu d'acceptation, il n'y a point de Donation ;
par conféquent les délais ne peuvent courir, & l'Ordonnance bien entendue, ne
réfifte point à cette décifion : car il eft
certain qu'en difant *à compter du jour &*
datte d'icelles Donations, elle les a fuppofées,
acceptées & parfaites. Au refte, l'article
133. de l'Ordonnance de 1539. décide
pofitivement la queftion. *Et quant à celles*
qui feroient faites en l'abfence des Dona-
taires, les Notaires & ftipulans pour deux,
commenceront leur effet du tems qu'elles
auront été acceptées par lefdits Donataires,
en la préfence des Donateurs & des Notaires,

& insinuées comme dessus, autrement elles seront réputées nulles.

M. Furgole à la fin de ses Observations, paroît avoir voulu agiter la même question, mais il s'est expliqué avec si peu de clarté dans cet endroit, qu'on n'a pû découvrir précisément si la distinction qu'il y fait entre les Créanciers & les Donataires est juste ou non.

12. On peut encore demander avec Ricard, *au nomb. 1255.* si dans le cas d'une Donation faite sous condition, le délai pour insinuer court du jour de la Donation ou de l'échéance de la condition?

13. Pour se décider il dit qu'il faut distinguer deux choses dans un contrat. L'une est la perfection de l'Acte en soi; l'autre est l'exécution. Quant à la premiere, le contrat est parfait en soi, dès qu'il est revêtu de toutes ses formes; mais l'exécution ne s'en peut faire qu'au cas que la condition arrive : or, l'insinuation ne concerne pas l'exécution, mais la solemnité du Contrat; il faut donc que le délai pour la faire, courre du jour du Contrat même : car quoique fait sous condition, il n'en a pas moins toute sa force à l'égard d'un tiers, du jour qu'il se trouve parfait, quoique la condition ne soit pas échue. Voir les Arrêts que cet Auteur cite *n. 1257.*

ARTICLE VINGT-SEPTIE'ME.

Par qui le défaut d'infinuation pourra être oppofé.

1. A Vant l'Ordonnance l'on croyoit que l'Héritier du Donateur ne pouvoit pas exciper du défaut d'infinuation.

2. Au Parlement de Paris l'on jugeoit qu'il le pouvoit.

3. Opinion de Bretonnier fur Henrys.

4. Jurifprudence du Parlement de Provence.

5. Celle du Parlement de Grenoble.

6. Sentiment de M. le Camus.

7. De l'effet de la Claufe où le Donateur eft chargé de faire l'infinuation.

8. Jurifprudence des Parlemens de Touloufe & de Bordeaux.

9. Comment le Donateur pouvoit y révoquer la Donation avant l'infinuation.

Le défaut d'infinuation des Donations qui y font fujettes , à peine de nullité pourra être oppofé , tant par les tiers Acquéreurs & Créan. ciers du Donateur que par fes Hé. ritiers , Donataires poftérieurs ou légataires , & généralement par tous ceux qui y auront intérêt , autres néanmoins que le Donateur, & la difpofition du préfent Article aura lieu , encore que le Donateur fe fût chargé expreffément de faire infinuer la Donation , à peine de tous dépens , dommages , intérêts, laquelle claufe fera regardée comme nulle & de nul effet.

ORDONNANCES.

1. QUoique dans le véritable fens de l'article 58. de l'Ordonnance de Moulins, il portât la même difpofition

que notre texte, en difant que les Donations non infinuées feroient nulles à l'égard des Créanciers, & de l'Héritier du *Donnant*, quelques Parlemens & plufieurs Auteurs lui avoient donné une autre interprétation, & ils vouloient que l'Héritier du Donateur ne put être admis à attaquer le fait de celui qu'il repréfentoit. La Déclaration du 17 Novembre 1690. femble même fortifier cette opinion, en ne comprenant dans fa difpofition que les tiers Acquéreurs & Créanciers du Donateur.

JURISPRUDENCE.

2. HEnrys, *liv. 4. queft. 111. tom. 2.* agite la queftion de fçavoir fi les Héritiers peuvent exciper du défaut d'infinuation. Il cite un Arrêt du Parlement de Paris qui juge l'affirmative. L'Auteur & fon Annotateur s'efforcent de prouver que l'Arrêt n'eft pas juridique ; mais les raifonnemens qu'ils allèguent, bien pefés, ne font dans le vrai que de pures confidérations contraires aux principes & à la difpofition de l'Ordonnance de Moulins.

3. L'Annotateur approuve la Jurifprudence des Parlemens de Droit Écrit qui jugent la négative, & il s'appuie de ce qu'il eft indécent & contre l'efprit des

Loix qui ont introduit l'infinuation de voir un Héritier s'empreffer à détruire l'ouvrage de fon bienfaicteur. Il ajoute aux Auteurs que Ricard cite fur cette queftion, l'autorité de M. Catelan, recueil d'Arrêts, *tom.* 2. 5. *ch.* 9.

4. Au Parlement de Provence, outre l'infinuation, il falloit une Déclaration en jugement , que telle étoit fa volonté de donner. Morgues , *page* 57 *&* 58.

5. En Dauphiné les Donations devoient être faites devant le Juge , en préfence de trois parens ou voifins.

6. M. le Camus, dans fes Obfervations, fur la Coutume de Paris , inférées dans la compilation de Ferriere fur cette Coutume , *tom.* 3. *pag.* 1156. avoit faifi le véritable fens des Ordonnances. En parlant de l'Article 58. de celle de Moulins, il dit : les termes, *tant à l'égard du Créancier que de l'héritier du Donnant* , ne difent pas que la Donation foit nulle à l'égard du Donateur ; mais ce grand Juge n'a pas parlé avec la même juftefle , lorfqu'il a dit au même endroit, que le Donataire pouvoit contraindre le Donateur à confentir à l'infinuation , & que le Juge l'ordonneroit ; d'autant que c'eft une vérité généralement reconnue dès ce tems-là , qu'il n'étoit pas néceffaire du confentement du Donateur

pour infinuer, même après les quatre mois & que pourvû qu'il fût encore en vie, l'infinuation pouvoit fe faire à fon infçu & malgré lui.

7. L'Ordonnance veut que toutes fortes de perfonnes puiffent oppofer le défaut de l'infinuation, quoique le Donateur fe fût obligé à la faire faire, à peine de tous dépens, dommages, intérêts. C'étoit le feul moyen d'empêcher qu'on ne pût éluder la Loi. Car fi la ftipulation des dommages-intérêts, dans ce cas, eût été bonne, il n'eft pas douteux que l'hypotèque du Donataire auroit remonté au jour de la Donation, & que ces dommages-intérêts, n'auroient pas été moindres que le montant de la Donation même ; par ce moyen l'infinuation feroit devenue inutile, & c'étoit comme on l'a dit une Jurifprudence conftante au Parlement de Paris que les Donations faute d'infinuation étoient nulles, même à l'égard des Héritiers.

8. Les Parlemens de Touloufe & de Bordeaux jugeoient, comme le dit l'Annotateur d'Henrys, que les Héritiers ne font pas recevables à débattre les Donations, faute d'infinuation, & dans les Provinces limitrophes des Parlemens de Paris & de Touloufe, comme le Forêts & l'Auvergne, l'on fincope la Donation ; elle eft valable

pour les immeubles fitués dans le Reffort du Parlement de Touloufe, quoique non infi-nuée. Catelan , *tom.* 2. *liv.* 5. *ch.* 9.

9. Le même Parlement jugeoit cependant que le Donateur pouvoit révoquer la Do-nation avant l'infinuation , avec cette ref-triction , que ce n'étoit lorfque que le Do-nataire avoit laiffé paffer les quatre ou fix mois, pendant lefquels il pouvoit faire l'infi-nuation. Cette Jurifprudence étoit une imi-tation de celle des Loix Romaines par lefquelles un Donateur pouvoit révoquer fa libéralité jufqu'à l'infinuation. La Roche-flavin , *liv.* 6. *tit.* 40. *art.* 13. Mainard , Cambolas , Dolive.

ARTICLE VINGT - HUITIE'ME.

Le défaut d'insinuation pourra être opposé à la femme & à ses Héritiers,
sauf son recours contre son mari.

1. ORdonnance de 1629. la nouvelle
Ordonnance y déroge.
2. Jurisprudence du Parlement de Paris.
3. Jurisprudence du Parlement de Toulouse.
4. Question renvoyée à la Conférence sur l'Article 30.
5. Si la Donation à titre de dot est exemptée
par cet Article de l'insinuation.
6. Le défaut d'insinuation peut-il être opposé
au mari comme à la femme.
7. Sentiment de M. Furgole pour la négative.
8. Réfutation.
9. Avis de Boutaric.
10. Raisons contraires.

Le défaut d'insinuation pourra pareillement être opposé à la femme commune en biens , ou séparée d'avec son mari , & à ses Héritiers pour toutes les Donations faites à son profit, même à titre de dot & ce dans tous les cas où l'insinuation est nécessaire, à peine de nullité, sauf à elle ou à ses héritiers d'exercer leur recours, s'il y échoit, contre le mari ou ses héritiers, sans que sous prétexte de leur insolvabilité la Donation puisse être confirmée en aucun cas, nonobstant le défaut d'insinuation.

ORDONNANCES.

1. L'Article 131. de l'Ordonnance de 1629. porte que *les quatre mois pour l'insinuation des Donations faites aux femmes*

femmes par contrat de mariage , ne commenceront à courir que du jour du décès du mari : L'Article que nous conférons a changé cette difpofition , en ce qu'il veut que le défaut d'infinuation puiffe être oppofé à la femme fans diftinction , foit que la Donation ait été faite par contrat de mariage ou non ; pourvû que ce ne foit pas en ligne directe , car alors elle n'eft pas néceffaire aux termes de l'Article 19.

JURISPRUDENCE.

2. LE Parlement de Paris qui n'a point enregiftré l'Ordonnance de 1629. ne la fuivoit point par rapport aux Donations faites par tout autre que le mari , enforte qu'à cet égard le délai couroit contre la femme comme contre le mineur du jour de la Donation. Ricard, *Partie premiere , n. 1238.*

3. Cette Ordonnance n'étoit pas nonplus obfervée au Parlement de Touloufe, quoiqu'elle y eût été enregiftrée. Les Donations étoient jugées bonnes fans infinuation, à l'égard du Donateur & de fes Héritiers feulement. Catelan , *liv. 5. ch. 9.*

R.

O B S E R V A T I O N S.

4. **M**r. Furgole, dans ses Observations sur cet Article, a mis des remarques sur la question de sçavoir si les Héritiers du mari peuvent objecter à la femme le défaut d'insinuation ; nous parlerons de cette question & de ce qu'en dit l'Auteur, sur l'article 30. qui est la véritable place où elle doit être agitée.

5. Le même Auteur sur ce qu'il est porté dans nôtre Article, que le défaut d'insinuation pourra être objecté à la femme pour toutes Donations faites à son profit, *même à titre de dot*, dit que cette disposition contient une dérogation, au Droit commun qui exemptoit la dot de la nécessité de l'insinuation.

M. Furgole n'a pas parlé avec assez d'exactitude ; car ce n'est pas notre article qui assujettit les Donations à titre de dot à l'insinuation, c'est l'article 20. Notre article ne parle que de l'exception résultant du défaut d'insinuation que l'on peut opposer à la femme, & s'il parle des Donations faites à titre de dot, ce n'est que comme un exemple particulier qu'il propose dans la regle générale, & pour faire sentir que le défaut d'insinuation pourra être objecté à la femme, même pour les Donations qu'on auroit pû croire les plus favorables, telles que celle de la dot; Mais l'Article n'en parle point pour les assujettir à l'insinuation, il les y suppose assujetties, comme en effet elles le sont par la disposition générale de l'Article 20. qui ne souffre d'exception que celle portée en l'article 19.

6. Au reste nous n'aurions peut-être pas relevé cette méprise, parce qu'au fond elle n'est pas fort importante, si ce défaut de justesse n'avoit pas conduit l'Auteur que nous réfutons dans une erreur plus considérable. Dans ses observations sur cet article il agite la question de sçavoir si le défaut d'insinuation de la dot peut être opposé au mari comme à la femme. Il se décide pour la négative pour trois raisons.

7. La premiere, parce que, selon le Droit & la Jurisprudence, la dot n'avoit pas besoin d'insinuation, & que notre article ne décidant autre chose, sinon que le défaut d'insinuation pourra être opposé à la femme, même pour les Donations faites à titre de dot, il ne touche pas au droit du mari, à l'égard duquel l'insinuation n'a jamais été nécessaire.

La deuxiéme, qu'à l'égard du mari, la Dot n'est pas une Donation, ni un titre gratuit, mais bien un titre onéreux, les Loix le confidérant comme Créancier.

3°. Enfin, que la convention qui attribue au mari la propriété ou la jouiſſance de la dot, eſt un gain de ſurvie ; ou un contre-augment qui eſt diſpenſé de la néceſſité de l'inſinuation, ſuivant l'article 21. de cette Ordonnance. Il faut donc diſtinguer le mari de la femme ; l'inſinuation eſt requiſe à l'égard de l'un & non à l'égard de l'autre, & par conſéquent le Conſtituant quel qu'il ſoit, ni ſes ſucceſſeurs, Créanciers ou tiers Acquéreurs ne peuvent oppoſer au mari le défaut d'inſinuation, &c.

8. Nous ne croyons pas qu'aucune de ces raiſons puiſſe rendre l'opinion de M. Furgole juridique, ni empêcher qu'on ne puiſſe oppoſer au mari le défaut d'inſinuation de la dot, même encore plûtôt qu'à la femme, & nous n'établirons pas cette vérité par les raiſonnemens que fait d'abord cet Auteur pour ce ſentiment, parce qu'en effet ils ne donnent point la vraie raiſon de décider ; mais elle ſortira des principes qu'on va rappeller pour réfuter les trois raiſons que l'on vient de rapporter.

La premiere ſe reſſent du défaut de juſteſſe que nous avons relevé au commencement de ces Obſervations ; l'Auteur a crû que c'étoit notre article qui preſcrivoit l'infinuation des Donations à titre de dot , & comme il a vû qu'il ne parloit que de la femme , relativement à l'exception qu'on pouvoit lui oppofer du défaut d'infinuation il a crû que l'Ordonnance ne parlant pas du mari , on ne pouvoit pas fe fervir de la même exception vis-à-vis de lui ; mais comme il eft clair que ce n'eft point cet Article qui affujettit les Donations à titre de dot à l'infinuation , mais l Article 20. comme nous l'avons dit , il s'enfuit que le raifonnement de M. Furgole porte à faux , & que ce n'eft point par notre article qu'il faut fe décider, mais par l'Article 27. relatif à l'Article 20. à l'égard de l'exception qui pourra être faite par toutes fortes de per-fonnes , à toutes fortes de Donataires , même aux femmes mariées & aux mineurs , aux termes de notre article & des fuivans ; à plus forte raifon à un homme qui peut agir & qui n'a aucune excufe ni privilége pour s'exempter de l'infinuation. Il eft donc in-différent que la dot ait été exempte de cette formalité autrefois , dès que par une re-gle générale , elle y eft affujettie & que par un article particulier le défaut de cette formalité peut être oppofé à la perfonne qu'on en auroit pû croire la plus difpenfée ; c'eft la femme mariée. Il n'eft pas dou-teux que ce défaut doit nuire à fon mari.

La feconde raifon qu'apporte l'Auteur, pour fonder fon opinion, n'eft pas plus folide. Il veut que le mari foit exempt de l'infinuation, parce qu'il ne tient la dot qu'à titre onéreux. Il ne s'eft pas fouvenu qu'aux termes de l'article 20. de l'Ordonnance des Donations, & fuivant l'article premier de la Déclaration fur les infinuations, les Donations onéreufes font affujetties à l'infinuation, à peine de nullité. Celles faites à la charge de fondation, par exemple, ne font pas moins à charge aux Donataires, que la dot l'eft au mari, & pour cela on ne dira point qu'elles font difpenfées de l'infinuation : ce feroit parler contre le texte de la Loi.

La troifiéme raifon dont M. Furgole appuie fon fentiment, eft tirée de ce que la convention qui attribue au mari la propriété & la jouiffance de la dot, eft un gain de furvie ou un contre-augment, que l'article 21. de notre Ordonnance exempte de l'infinuation ; mais cet Auteur s'eft encore trompé lorfqu'il a qualifié ainfi la dot de la femme. Déclinons les Regles. Qu'eft-ce-que la dot ? & quel eft le droit du mari fur la dot ?

La dot eft ce que la femme ou un autre pour elle donne au mari pour foutenir les charges du mariage. Le mari eft le maître de la dot de sa femme, mais ce n'est que d'une propriété très-imparfaite, car elle ne dure qu'autant que le mariage. Voyez Argou, Institution au Droit François, *t.* 2. *pag.* 71 & 73. & les Loix qu'il cite : on ne peut donc pas dire que la dot de la femme soit pour le mari un gain de survie ou un contre-augment, ni qu'elle soit comprise dans l'exception de l'Article 21. Ainsi de quelque façon qu'on envisage l'exemption dont l'Auteur a voulu gratifier le mari, il est impossible de lui trouver un fondement raisonnable. Car de deux choses l'une, ou celui qui fait la Donation à titre de dot, est un ascendant ou il ne l'est pas : si c'est un ascendant, c'est une Donation en ligne directe qui est exempte de l'insinuation ; si le Donateur n'est pas un ascendant, la Donation, par quelqu'autre personne qu'elle soit faite, est sujette à l'insinuation, à quelque titre qu'elle soit faite, & le défaut de formalité pourra être opposé par toute sorte de personne, à l'exception du Donateur, même à la femme quoiqu'elle soit en puissance de son mari, & quoique la Donation doive lui servir de dot ; si elle peut l'être à la femme, à plus forte raison le sera-t-elle au mari.

Il a y plus, si on ne pouvoit pas opposer au mari le défaut d'insinuation des Donations faites à titre de dot ; il y auroit des

Donations autres que celles faites en ligne directe par contrat de mariage, qui seroient exemptes de cette formalité, du moins à l'égard de toutes sortes de personnes : ce qui résiste à toutes les dispositions de notre Ordonnance , & à la déclaration sur les insinuations ; & d'ailleurs il faudroit dire qu'un Acte devroit être insinué à l'égard d'une personne , sans l'être à l'égard d'une autre. C'est une singularité qui blesse toutes les regles.

9. M. Boutaric paroît auoir suivi l'opininon de M. Furgole : Voyés les Observations du premier , sur l'Article 29. de notre Ordonnance.

Ces deux Auteurs ont , sur l'Article que nous conférons , rapporté dans leurs Observations , les deux exceptions que fait Ricard, *n. 1243. partie premiere* , où cet Auteur dit qu'il voudroit que le mari fût exempt du recours de la femme lorsqu'elle se feroit fait autoriser par Justice à son refus pour accepter la Donation , comme·elle le peut , suivant l'Article 9. & lorsque la Donation auroit été faite pendant la séparation. Au premier cas le mari en refusant d'accepter la Donation , s'est déchargé de tout le péril qui pouvoit en résulter ; au second cas , la femme ayant la direction de ses affaires , c'est à elle à y veiller.

M. Furgole ne dit pas ſi l'Ordonnance change quelque choſe à l'opinion de Ricard ; mais M. Boutaric dit que l'Ordonnance n'excepte point les Donations que la femme a acceptées ſans être autoriſée par ſon mari & les autres ; c'eſt-à-dire, ajoute-t-il que les Donations faites à la femme ſéparée de ſon mari , ſont nommément compriſes dans la diſpoſition.

10. On pourroit dire contre cette déciſion que l'intention du Légiſlateur n'a point été d'accorder à la femme un recours indéfini contre le mari , mais ſeulement dans le cas où elle auroit droit en effet de l'exercer ; c'eſt ce que paroît prouver nettement la reſtriction , *ſi le cas y échoit* , inſérée dans l'article que nous conférons. Or , il eſt certain que dans le cas de l'acceptation faite par la femme autoriſée par Juſtice , ou ſéparée , il ſeroit injuſte de lui accorder ſon recours contre ſon mari par les raiſons que Ricard rapporte ; il faut donc conclure que c'eſt là un des cas où il n'échoit pas de recours de la femme contre ſon mari.

Il faut cependant avouer que l'Article , en accordant aux intéreſſés , l'exception du défaut d'inſinuation contre la femme, même ſéparée , & à celle-ci ſon recours contre ſon mari , a voulu rendre le mari reſponſable & garant de la négligence de la femme séparée , & la raison est que la femme séparée ne cesse point d'être *in sacris mariti* , elle ne peut rien faire tendant à l'aliénation de son bien , ni accepter de Donation sans son autorité, article 9. ci-dessus; il est donc obligé de veiller à ce que les Donations qu'il l'a autorisée d'accepter soient insinuées , & il en est responsable si elles ne le font pas.

Autre chose est lorsqu'il a refusé d'autoriser sa femme pour accepter, & que la Justice l'a fait à sa place : alors il s'est dégagé de tout ce qui pouvoit suivre une Donation acceptée sans sa participation & on la doit comparer alors à celle du bien paraphernal dans l'administration duquel il ne s'est point immiscé. Des deux cas que Ricard excepte, l'Ordonnance n'en excepte donc que ce dernier.

ARTICLE VINGT-NEUVIE'ME.

Du recours de la femme contre son mari, en cas que la Donation soit faite pour lui tenir lieu de bien paraphernal.

1. R Emontrances du Parlement de Tou- loufe fur cet Article.
2. Sentiment d'un Auteur moderne fur l'ap- plication de l'Article 29. de l'Ordonnance aux paraphernaux.
3. Réfutation par les difpofitions des Coutu- mes de Normandie, d'Auvergne & de la Marche.

N'entendons néanmoins, qu'en au- cun cas ledit recours puiffe avoir lieu, quand il s'agira de Donations faites à la femme pour lui tenir lieu de bien paraphernal, fi ce n'eſt ſeulement lorſque le mari aura eu la jouiſſance de cette na- ture de bien du conſentement ex- près ou tacite de la femme

---

1. CET Article ne change rien aux regles ni à la Juriſprudence qui étoient en vigueur avant l'Ordonnance. M. Boutaric nous apprend cependant que le Parlement de Touloufe fit des Remontran- ces fur ce que par notre texte, le conſen- tement tacite de la femme à la jouiſſance que peut avoir ſon mari des biens para- phernaux, aſſujettit le mari au recours de la femme faute d'inſinuation. Cette Cour pré- tendoit que cette diſpoſition rendoit la condition du mari trop dure. Mais comme le mari, par le conſentement tacite de ſa femme pouvoit jouir des fruits des biens paraphernaux, & en profiter, il étoit juſte qu'il eût les charges avec le bénéfice, & qu'il fût aſſujetti à veiller à la conſervation d'un bien par le même moyen que les reve- nus tournoient à ſon profit.

2. Nous ajouterons ſeulement que l'Auteur de l'Eſprit de l'Ordonnance paroît s'être trompé dans ſes Obſervations fur cet Arti- cle, lorſqu'il dit que la diſpoſition de notre

texte ne peut avoir lieu que dans les Pays de Droit Écrit.

3. Notre Article doit avoir son application pour les Pays Coutumiers qui reconnoiffent les biens paraphernaux comme pour ceux du Droit Écrit ; car ces biens ne font point inconnus dans les Coutumes, comme le prétend Ferriere en fon Dictionnaire, & comme l'a cru d'après lui l'Auteur que nous venons de citer.

L'Article 394. de la Coutume de Normandie, veut que la femme qui renonce à la fucceffion de fon mari ait fes *Paraphernaux* & fon douaire ; & dans l'Article 395. la même Coutume dit que ces *Paraphernaux* confiftent en meubles & linges à l'ufage de la femme. Mais ces paraphernaux étant d'une nature finguliere & toute différente de ceux reconnus par le Droit Écrit, il faut paffer aux Coutumes qui en reconnoiffent de la même efpéce adoptée par les Loix Romaines.

L'Article premier du chapitre 14. de la Coutume d'Auvergne, porte que la femme eft en puiffancede fon mari, excepté quant aux biens adventifs & *Paraphernaux*, defquels elle eft réputée mere de famille & Dame de fes droits. L'Article 9. du même chapitre, veut que la femme mariée puiffe pendant le mariage, difpofer à la volonté

fans le confentement de fon mari , par quelque contrat que ce foit de fes biens paraphernaux & adventifs , *&c.*

La Coutume de la Marche reconnoît
également des paraphernaux de la même
nature que ceux du Droit Écrit ; l'Article 217. au chapitre 21. dit que le mari
a l'adminiftration des biens de fa femme pendant le mariage ; foit que ces biens
foient adventifs , dotaux ou *Parphernaux* :
l'Article 305. de la même Coutume , veut
que la femme puiffe difpofer de fes biens
Paraphernaux ou adventifs.

Ainfi dès qu'il y a des Coutumes qui reconnoiffent les biens paraphernaux , il eft
indubitable que notre texte les concerne
auffi bien que les Pays de Droit Écrit.

ARTICLE TRENTIE'ME.

Le mari ou ſes Héritiers ne pourront oppoſer le défaut d'inſinuation à la femme ni à ſes Héritiers.

1. Extention du recours de la femme contre le mari.

2. Quand le cas prévû par l'Article peut arriver.

3. Sentiment d'un Auteur moderne ſur le fondement de l'Article.

4. Réfutation.

5. Si la femme eſt obligée de faire inſinuer la Donation dans les quatre mois du décès du mari.

Le mari ni ſes Héritiers ou ayans cauſes, ne pourront en aucun cas, & quand même il s'agiroit de Do. nations faites par d'autres que par le mari, oppoſer le défaut d'inſi. nuation à la femme commune ou ſéparée, ou à ſes Héritiers ou ayans cauſe, ſi ce n'eſt que ladite Do. nation eût été faite pour tenir lieu à la femme de bien paraphernal, & qu'elle en eût eu la libre jouiſ. ſance & adminiſtration.

OBSERVATIONS.

1. AU témoignage de Ricard, *n. 1238. & ſuivans*, les Héritiers du mari ne pouvoient objecter le défaut d'inſinuation à la femme pour les Donations qui lui avoient été faites par le mari. Notre Article ajoute à cette regle qu'ils ne le pourront même pour les Donations faites par d'autres que
le

le mari, à moins que ce ne fût des biens paraphernaux ou de femblables dont il fût queftion ; & l'extention que contient notre Article, eft fondée fur les faines maximes qui veulent que le mari, qui eft l'Adminiftrateur des biens de fa femme, & qui en recueille les fruits, foit garant & refponfable de fes négligences.

2. Le cas prévû par notre Article ne peut arriver que lorfque le mari eft Donataire ou Héritier ou Créancier du Donateur. Or, comme le mari eft obligé de faire infinuer la Donation faite à fa femme, il eft garant de la perte que lui caufe le défaut d'infinuation. Il faut bien prendre garde que l'action de la femme ne réfulte pas alors de la Donation qui réellement eft nulle faute d'infinuation, mais de la garantie qu'elle a contre fon mari & fes héritiers pour avoir négligé de faire infinuer cette Donation. Cette garantie fe réfoud en dommages - intérêts qui ne peuvent étre moindres que le montant de la Donation.

3. Nous croyons que l'Auteur *de l'Efprit des Ordonnances*, s'eft encore trompé lorfqu'il a dit que c'étoit fur une diftinction faite par Ricard, *n.* 1242. qu'eft fondée la fin de non-recevoir, prononcée contre le mari ou ayants caufe, en faveur de la femme : Cette diftinction confifte en

S

ce qu'il faut diftinguer dans le mari deux qualités, celle de *mari* & celle de *Donateur*. Ricard dit que les Héritiers, comme fucceffeurs d'un mari *Donateur*, ne font point garants du défaut d'infinuation, attendu que c'étoit à la *Donataire* à faire faire l'infinuation ; mais comme Succeffeurs du mari, en tant que *mari*, ils en font tenus, attendu que, comme Adminiftrateur des biens de la femme il devoit veiller à leur confervation.

4. Il eft évident que pour que cette diftinction pût être le fondement de l'Article que nous conférons, il faudroit que l'article l'eût adoptée en tout ou en partie; or, il eft clair qu'il n'y a eu aucun égard & qu'il l'a même abfolument rejettée ; l'on ne peut donc pas dire qu'elle en foit le fondement, puifque dans quelque cas que ce foit, & fous quelque dénomination que l'on confidére le mari, fes Héritiers ni lui ne pourront oppofer le défaut d'infinuation ; l'on pourroit même ajouter que la diftinction de Ricard n'étoit pas dans les vrais principes, puifque le mari doit être toujours tenu des fautes de négligence, relatives aux biens de fa femme, quand même ces biens viendroient de lui, comme un Tuteur le feroit de la validité d'une Donation qu'il auroit faite à fon Mineur.

5. Ricard, *n.* 1244. agite la queftion de

ſçavoir ſi du moins la femme eſt obligée de faire inſinuer la Donation dans les quatre mois du décès de ſon mari, & ſi, paſſé ce délai, les Héritiers peuvent exciper du défaut de l'inſinuation.

Il dit que pluſieurs ſe ſont décidés pour l'affirmative, entre autres M. Louet, *let. I. nombre premier*, qui rapporte deux Arrêts dont il n'a pas pénétré la véritable raiſon fondamentale. M. Furgole, dans ſes Obſervations ſur l'Article 28. a ſuivi le ſentiment de M. Louet ; il a même cité Ricard au *n. 1238.* pour appuyer cette opinion, mais il n'a pas lû ce que dit cet Auteur au *n. 1245. & ſuivans*, où il réfute ſolidement M. Louet & ſon Commentateur. Comme la même queſtion ne peut plus ſe préſenter depuis l'Ordonnance, nous nous croyons diſpenſé de la diſcuter plus amplement. Voyez le Traité des Donations aux endroits cités.

L'Article, en diſant que le mari ou ſes Héritiers ne pourront oppoſer le défaut d'inſinuation à la femme, même ſéparée, confirme encore ce que nous avons dit à la fin de nos Obſervations ſur l'Article 28. & fait voir que la femme, quoique ſéparée, reſte encore ſous la puiſſance maritale, & que le mari eſt obligé de répondre du défaut d'inſinuation, même dans le cas de ſéparation.

ARTICLE TRENTE-UN.

Les Tuteurs & autres Administrateurs ne pourront opposer le défaut d'insinuation à ceux qu'ils auront eû en leur puissance.

Les Tuteurs, Curateurs, Administrateurs ou autres qui, par leur qualité sont tenus de faire insinuer les Donations faites par eux ou par d'autres personnes aux Mineurs ou autres étant sous leur autorité ne pourront pareillement ni leurs Héritiers ou ayans cause, opposer le défaut d'insinuation ausdits Mineurs ou autres Donataires dont ils ont eu l'administration ni à leurs Héritiers ou ayans cause.

CET Article ne change rien à la Jurisprudence. Il étend aux Mineurs & à ceux qui leur ressemblent les mêmes regles qui ont été prescrites par les Articles précédens en faveur des femmes mariées,

ARTICLE TRENTE-DEUXIE'ME.

Les Mineurs, ni l'Eglife ne feront reftitués contre le défaut d'infinuation.

1. Quelles Donations chez les Romains étoient exemptes de l'infinuation.
2. Suivant les anciennes Ordonnances les Mineurs n'étoient pas exceptés.
3. Autrefois le Parlement de Paris les exceptoit.
4. Changement de la Jurifprudence conforme aux Ordonnances.
5. Jurifprudence du Parlement de Touloufe.
6. Parlement de Rouen.
7. Parlement de Touloufe.

Les Mineurs, l'Eglife, les Hôpitaux, Communautés ou autres qui jouiſ-ſent des priviléges des Mineurs ne pourront être reſtitués contre le défaut d'inſinuation, ſauf leur re-cours tel que de droit contre leurs Tuteurs ou Adminiſtrateurs, & ſans que la reſtitution puiſſe avoir lieu, quand même leſdits Tuteurs ou Adminiſtrateurs ſe trouveroient inſolvables.

DROIT ROMAIN.

1. SUivant le Droit Romain il n'y avoit d'abord que les Donations à cauſe de nôces faites à des filles deſtituées du ſecours de leur pere, qui fuſſent exemptes de l'inſi-nuation. *Minoribus ætate fœminis etiam ac-torum teſtificatione in ante nuptias donatione ad eas faƈta omiſſa ſi patris auxilio deſtitutæ ſint juſtè conſulitur, infirma donatio ſit.*

Ce privilege a été depuis étendu aux filles mineures deftituées de tuteurs ou non ; par la Loi, *Sancimus*, 34. 5. *alias cod. de Donationibus* ; & enfuite par la Novelle, 119. à toutes les Donations à caufe de nôces faites au profit de mineurs & de mineures.

Mais quoiqu'endife Ricard, *n.* 1173. ces Loix ne décident pas, fi les mineurs à l'égard d'autres Donations que celles à caufe de nôces, étoient relevés par le défaut d'infinuation ; il y a même tout lieu de préfumer qu'ils l'étoient, puifqu'en général ils étoient reftitués lorfqu'ils avoient manqué à gagner. C'eft la difpofition précife de la Loi 44 D. *de minoribus*, que nous avons cité fur l'article 14. Comme cette Loi por-une difpofition générale, & que d'ailleurs l'infinuation n'étoit pas prefcrite par les Loix Romaines avec autant d'exactitude qu'elle l'eft par celles du Royaume, il y a tout lieu de penfer que les mineurs étoient reftitués aufli bien dans ce cas que dans tous les autres où ils manqueroient à gagner.

Les Donations pour caufe pie furent aufli exemptées de l'infinuation par la Loi *Sancimus* que nous venons de citer.

JURISPRUDENCE.

2. L'Ordonnance de 1539. & celles qui l'ont suivies prescrivoient l'insinuation avec tant de rigueur, & d'une façon si générale, qu'on ne devoit pas douter que les mineurs n'y fussent compris.

3. Cependant autrefois le Parlement de Paris les restituoit contre le défaut d'insinuation. Il est vrai que ce n'étoit pas sans scrupule qu'on s'écartoit de la rigueur de l'Ordonnance. Choppin sur la Coutume de Paris, *liv.* 2. *tit.* 3. *n.* 16. rapporte un Arrêt qui restitua les enfans contre le défaut d'insinuation. Brodeau sur M. Louet, *n.* 68. *lettre D.* en cite un autre du 7 Mars 1605. qui juge la même chose ; mais la Cour ajouta à la prononciation de ces Arrêts qu'ils ne pourroient être tirés à conséquence en d'autres causes, faisant entendre par-là qu'elle ne s'étoit déterminée que par les circonstances particulieres. Il faut dire la même chose de l'Arrêt rapporté par M. Bouguier, *lettre D.* *n.* 9. & par Chenu en sa question 70.

4. Mais depuis, on a constamment jugé au même Parlement que les Mineurs n'étoient point dispensés de la nullité, résultant du défaut d'insinuation. Voyés les

Auteurs & les Arrêts cités à cet égard par Ricard, *n. 1176.* & ce qui a dû encore affermir cette derniere Jurisprudence ç'a été la Déclaration du 18 Janvier 1712. qui assujettit les Mineurs à la formalité de la publication & enregistrement des substitutions, même en cas d'insolvabilité des Tuteurs, *&c.*

5. Le Parlement de Toulouse n'exemptoit pas indistinctement les Mineurs, de la nécessité de l'insinuation, comme le dit Bretonnier dans ses questions de Droit. Il faisoit distinction entre les Héritiers & les Créanciers du Donateur, il déclaroit les Donations non insinuées nulles faute d'insinuation à l'égard des Créanciers, & les confirmoit quand il n'y avoit que les Héritiers du Donateur, intéressés à la nullité. Voyez Mainard, *liv. 2. ch. 54.* Dolive, *liv. 4. ch. 1.* Cambolas & la Rocheflavin.

6. Au Parlement de Normandie on suivoit la même Jurisprudence qu'à Paris. Basnage, sur l'article 448. de la Coutume de cette Province.

A l'égard des Donations faites pour cause pie on ne les confirmoit au Parlement de Paris que dans des cas extrêmement favorables, & lorsqu'elles étoient modiques, eu égard aux biens du Donateur. Ricard, *n. 1180. & suiv.*

7. Le Parlement de Touloufe étendoit la Jurifprudence pour les mineurs à tous ceux qui jouiffoient des priviléges de Mineurs. Voyez les Auteurs cités.

Dès que les Donations faites aux Mineurs. étoient jugées nulles, faute de l'infinuation, on ne pouvoit plus le départir de cette rigueur dans le cas d'infolvabilité des Tuteurs ; parce que ce n'étoit point de cette circonftance que dépendoit la validité des Donations , mais du défaut d'infinuation qui fait que le Mineur n'a aucun recours contre les Héritiers ou Créanciers du Donateur ; d'autant que ni les uns ni les autres, ni le Donateur même n'étoient obligés de faire faire l'infinuation. C'eft auffi la difpofition de notre Article , qui d'ailleurs n'a pas befoin d'aucune explication.

ARTICLE TRENTE-TROISIÉME.

N'entendons comprendre dans les dif-
positions des Articles précédens,
qui concernent l'infinuation, les
Pays du Reffort de notre Cour de
Parlement de Flandres.

LA raifon de cet Article, eft qu'au Pays
de Flandres les Loix municipales affu-
rent fuffifamment d'ailleurs la publicité des
Donations, comme des autres Contrats.

ARTICLE TRENTE-QUATRIÉME.

Du fournissement des légitimes des enfans.

1. **D**ispositions du Droit Romain sur cette matiere.

2. Celles des Coutumes d'Anjou & du Maine.

3. Variations de la Jurisprudence du Parlement de Paris.

4. Parlement de Toulouse.

5. Parlement de Grenoble.

6. Parlement de Provence.

7. Parlement de Bordeaux.

8. Combien l'Article est conforme aux principes.

9. L'Article résoud deux difficultés qui se trouvoient sur cette matiere.

10. Les dispositions faites par Testament militaire contribuent à la légitime.

11. Qu'elle ne se prend point sur les biens aliénés à titre onéreux.

12. Comment doit s'entendre la fin de l'Article dans les Coutumes d'égalité parfaite, telles que celle d'Anjou.

Si les biens que le Donateur aura laissé
en mourant, sans en avoir disposé,
ou sans l'avoir fait autrement que
par des dispositions de derniere
volonté ne suffisent pas pour fournir la légitime des enfans eu
égard à la totité des biens compris
dans les Donations entre - vifs
par lui faites, & de ceux qui n'y
sont pas renfermés; ladite légitime
sera prise, premiérement sur la
derniere Donation, & subsidiairement sur les autres, en remontant
des dernieres aux premieres; &
en cas qu'un ou plusieurs des Donataires soient du nombre des enfans du Donateur qui auroient eu
droit de demander leur légitime,
sans la Donation qui leur a été faite
ils retiendront les biens à eux donnés jusqu'à concurrence de la va-

leur de leur légitime, & ils ne feront tenus de la légitime des autres que pour l'excédent.

DROIT ROMAIN.

1. **P**Our connoître quelle étoit chez les Romains la façon de faire contribuer les Donations à la légitime des enfans, il faut voir le titre entier du Cod. *De inoff. Donationibus* ; & Ricard, *n.* 1071. *& fuiv. troifiéme Partie.* Aucune Ordonnance n'avoit encore fait de difpofitions particulieres à la légitime.

COUTUMES.

2. **L**A Coutume d'Anjou, *Article* 335. & celle du Maine, *Article* 347. portent des difpofitions conformes à notre Article. *Qui donne plus que fon héritage & patrimoine qu'il ne peut à diverfes perfonnes ou plufieurs: le don fera refcindé à chacun des Donataires, fuivant la grandeur du don; fi ainfi eft que les dons foient faits à iceux Donatairespour en jouir aprés le décès du Do-*

nateur & non plûtôt. Mais si d'aucuns des dons le Donateur se dépouille & saisit les Donataires dès son vivant, ceux qui seront ensaisinés des premiers dons qui n'excéderont point, jouiront d'iceux.

JURISPRUDENCE.

3. LA Jurisprudence du Parlement de Paris n'a pas toujours été la même sur la question de sçavoir de quelle façon les Donataires devoient contribuer entre eux à la légitime. On y a jugé d'abord que tous les Donataires devoient y contribuer également & sans distinction de la priorité des Donations. Voyez l'Arrêt connu sous le nom de Faveroles, *Journal du Palais*, à la datte du 14 Mars 1675. Il est cité par tous les Auteurs qui ont traité la matiere.

Dans la suite cette Jurisprudence a changé, & le 19 Mars 1688. il est intervenu un Arrêt tout contraire rapporté au même Journal, *tom. II.* cet Arrêt décide que les dernieres Donations doivent être épuisées avant de toucher aux précédentes, & telle a été la Jurisprudence jusqu'au tems où notre Ordonnance en a fait une loi par l'Article que nous conférons : car la même question s'étant présentée

depuis

depuis ce dernier Arrêt , on en fuivit les difpofitions. Arrêt du 5 Février 1695. Lebrun , Traité des fucceffions, *liv.* 2. *ch.* 3. *feĉt.* 8. *n.* 24.

4. La Jurifprudence du Parlement de Touloufe étoit conforme à la derniere que le Parlement de Paris fuivoit , & l'on y jugeoit qu'il falloit épuifer les dernieres Donations avant de toucher aux précédentes. Cambolas , *liv.* 3. *ch.* 30. Mainard, *liv.* 6. *ch.* 20 & 21. La Roche & Graverol , *liv.* 6. *tit.* 3.

5. C'étoit auffi la Jurifprudence du Parlement de Grenoble , au témoignage de Defpeiffe , *tom.* II. *des Succeffions, Partie premiere* , de la légitime, *feĉtion* 2.

6. Le Parlement de Provence a varié fur cette queftion , & enfin fa derniere Jurifprudence étoit conforme à celles des autres Parlemens. Morgues , fur les Statuts de Provence. Lebrun , à l'endroit cité, *n.* 14.

7. L'on jugeoit la même chofe à celui de Bordeaux. La Peirere , *lett. N. n.* 15.

OBSERVATIONS.

1. RIen ne feroit plus contraire à la maxime la plus inviolable en matiere de Donations que de les faire concourir également à la contribution de la légitime, puifque ce feroit ouvrir par-là une voye au Donateur de revoquer, ou du moins d'altérer les premieres Donations qu'il auroit faites en en faifant de nouvelles, c'eft fans doute la raifon d'irrévocabilité, qui à la fin a fixé la Jurifprudence de toutes les Cours, & qui l'a rendue conforme aux faines maximes adoptées par l'Article que nous conférons. Les meilleurs Auteurs, & Ricard entre autres s'étoient attachés, quoiqu'on leur propofât des préjugés contraires, à l'opinion qui vouloit qu'on épuifât les dernieres Donations avant de toucher aux premieres ; En effet, il n'y a que les dernieres qui nuifent à la légitime ; tant que les précédentes n'entament pas la portion réfervée aux enfans, il n'y a aucun moyen de leur donner atteinte, & à bien examiner les raifonnemens de ceux qui ont embraffé l'opinion contraire, on voit que ce ne font que de vaines fubtilités & des diftinctions frivoles.

9. L'article que nous conférons en em-

braſſant dans ſa diſpoſition la totalité des biens que le Donateur aura laiſſé tant, *ab inteſtat*, que ceux compris dans ſes diſpoſitions de derniere volönté, & dans les Donations entre-vifs qu'il aura pû faire, leve deux difficultés que quelques Auteurs avoient trouvées embarraſſantes ; la premiere étoit la queſtion de ſçavoir ſi les Donations faites aux Étrangers n'étoient pas exemptes de la contribution à la légime ; on étoit tenté de croire qu'il n'y avoit que celles faites aux enfans qui fuſſent aſſujetties à cette charge. V. Lebrun à l'endroit ci-deſſus cité. La ſeconde étoit celle de ſçavoir ſi les Donations faites avant le mariage devoient auſſi y contribuer. Ricard, *troiſiéme Partie*, *nomb. 1088.* Mais il n'y a plus de doute que les unes & les autres y ſont aſſujetties. Il y en avoit même qui avoient pouſſé le zéle pour le bien de l'Egliſe juſqu'à exempter de la légitime les legs pieux, comme ſi le devoir le plus ſacré des Peres n'avoit pas été de laiſſer des alimens à leurs enfans. Mais les Cours Souveraines regardant les enfans comme les premiers pauvres avoient condamné cette opinion dès auparavant l'Ordonnance.

10. Quoique par la Juriſprudence, & même par la nouvelle Ordonnance des Teſtamens, on ait accordé bien des privilé-

ges aux Teſtamens militaires, quant à la forme dans laquelle ils devoient être faits ; cependant on n'a point ſuivi parmi nous les diſpoſitions du Droit Romain à l'égard des biens dont ces Teſtamens peuvent contenir des legs. Les Romains les exemptoient non-ſeulement de la quarte falcidie, mais encore de la légitime : l'inſtitution de ce peuple étoit toute militaire ; l'eſprit de conquête qui l'a toujours animé ſe manifeſte juſque dans les loix deſtinées à regler les affaires domeſtiques des particuliers, & les grands priviléges accordés, à ceux qui embraſſoient la profeſſion des Armes, n'avoient d'autre objet, que d'y attirer encore d'avantage les peuples. Nous avons moins beſoin que jamais de prendre les Romains pour modèles à cet égard ; auſſi notre Juriſprudence eſt-elle bien differente de la leur ; & nos Teſtamens militaires n'ont aucune prérogative, ſur-tout par rapport à la légitime, que l'humanité & la Religion doivent faire regarder comme une portion ſacrée que les Loix doivent conſerver au beſoin de chaque Citoyen.

11. La legitime ne ſe prend point ſur les biens alienés à titre onéreux, & l'on doit mettre de ce nombre les dots des Religieuſes, & les titres Sacerdotaux, leſquels ſont eux-mêmes des portions légitimaires, four-

nies aux enfans qui font devoués au fervice des Autels. Quoique l'on dife: qui confifque le corps confifque les biens, il faut cependant tenir que les enfans ont leur légitime fur les biens du condamné. Ricard, *troi-fiéme Partie, n. 1102. & fuiv.* excepté dans le cas de crime de leze-Majefté.

12. La fin de l'Article que nous conferons peut donner lieu à une grande queftion dans les Coutumes d'égalité parfaite, telles que celle d'Anjou dont nous venons de rapporter une des difpofitions. C'eft une maxime dans ces Coutumes, qu'à quelque titre qu'un enfant ait reçu de fes pere & mere, il n'eft pas libre de s'en tenir au Don, même quand les autres enfans ont de quoi fe remplir, il faut néceffairement qu'ils rapportent, afin que chaque enfant ait non-feulement la même qualité, mais encore des biens d'une égale bonté & nature. D'un autre côté l'Ordonnance veut que, fi l'un des Donataires eft fils du Donateur, il puiffe non-feulement retenir fa légitime fur les objets de la Donation, mais encore qu'il ne foit tenu de la légitime des autres que pour l'excédent : difpofition qui donne une atteinte fenfible à la Loi de l'égalité parfaite. Suivra-t-on dans ce cas la Coutume, ou l'Ordonnance ?

L'on peut dire, pour fe déterminer pour

l'Ordonnance qu'elle a pour objet, exprimé dans le préambule de rendre la Juriſprudence uniforme dans tous les Tribunaux
du Royaume ſur les matieres qu'elle traite :
l'on peut ajouter qu'elle déroge expreſſément
à tous Uſages & Coutumes contraires à ſes
diſpoſitions ; & qu'en particulier pour la
Coutume d'Anjou, l'Article cité veut indiſtinctement que les premiers Donataires
retiennent ce qu'ils ont reçus.

Mais comme cette déciſion donneroi[t]
atteinte à l'une des Loix les plus ſacrées de
la Province : L'égalité parfaite ; comme
cette Loi eſt extrêmement conforme à la
Loi naturelle, nous n'oſons aſſurer que
l'Ordonnance l'emportât ſur la Coutume,
& nous croyons que dans ce cas les Cours
renverroient les Parties à ſe pourvoir vers
le Roi pour ſçavoir ſon intention, comme
elles le font ordinairement dans ces occa-
ſions.

ARTICLE TRENTE-CINQUIÉME.

Les Dots feront affujetties au fourniffement de la Légitime.

1. *LE Droit Romain les y affujettit.*
2. *Parlement de Paris.*
3. *Parlement de Touloufe.*
4. *Si la Dot de la fille qui renonce doit contribuer à la légitime.*
5. *Parlemens de Grenoble & de Provence.*
6. *Des Donations rémunératoires.*

La Dot, même celle qui aura été
fournie en deniers, fera pareillement fujette au retranchement,
pour la légitime, dans l'ordre prefcrit par l'Article précédent, ce
qui aura lieu, foit que la légitime
foit demandée pendant la vie du
mari, ou qu'elle ne le foit qu'a-
près fa mort, & quand il auroit

joui de la Dot pendant plus de trente ans, ou quand même la fille dotée auroit renoncé à la fuccef-fion par fon contrat de mariage ou autrement, ou qu'elle en feroit excluse de droit, fuivant la difpo-fition des Loix, Coutumes ou Ufages.

DROIT ROMAIN.

1. CEt article leve bien des difficultés. Car en premier lieu on avoit douté que les dots fuffent fujettes à la contribu-tion de la légitime, d'autant qu'elles ne font pas données à titre lucratif mais oné-reux, puifqu'elles font deftinées à foutenir les charges d'un ménage dont les époux ne fe feroient pas chargés, s'ils n'avoient pas compté fur les fruits de la dot. Mais la faveur qui eft dûe aux dots l'a cédé à celle que mérite la légitime. Le Droit Romain les y affujettit. *Cùm omnia bona*, dit la Loi Cod. de in off. Dotibus, *à matre tua in dotem dicantur exhaufta, Leges Legibus concordare promptum eft, ut ad exemplum*

inofficiofi teftamenti adverfus dotem immodicam exercendæ actionis copia tribuantur, & filiis conquerentibus emolumenta debita conferantur. Cette Loi a été mife fous l'efpéce de la mere pour montrer que la dot qu'elle conftitue pour elle, auffi bien que celle qu'elle donne pour fes filles, font également fujettes à la Loi.

JURISPRUDENCE.

2. **L**A Jurifprudence françoife a adopté cette maxime du Droit Romain ; mais on y a voulu mettre des reftrictions. Quelques Auteurs ont pretendu qu'une fomme d'argent étant d'une nature de bien périffable & qui n'avoit pas de fuite, il feroit injufte de contraindre un mari à rendre ce qu'il fe trouveroit peut-être avoir depenfé dans fon ménage. Mais ces raifons doivent ceder à la faveur qui eft dûe à la légitime. Il eft vrai que les deniers n'ont pas de fuite, mais cela n'empêche pas que celui qui les a reçus n'ait contracté une obligation comme s'il s'étoit mis en poffeffion d'un immeuble. Le mari a dû fçavoir en recevant la dot qu'elle étoit affujettie au fuplement de la legitime des autres enfans ; il eft cenfé n'avoir contracté qu'à cette condition. C'eft un point de

Droit qui avoit été solemnellement decidé avant notre Ordonnance par l'Arrêt connu fous le nom de Saint Vaft, rendu le 3 Décembre 1742. *Journal des Audiences.* Cet Arrêt avoit fixé la Jurifprudence.

3. On jugeoit différemment au Parlement de Toulouse ; car que les dots euffent été fournies en immeubles ou en deniers, on les exemptoit de la contribution à la legitime. Carnbolas , *liv. 3. ch. 34.* en rapporte un Arrêt folemnel donné , toutes les Chambres affemblées en 1604. l'Arrêt fondé fur ce que la dot doit être confiderée comme un titre onereux à l'égard du mari ; & que la legitime ne fe deduifant pas des ventes que le pere a faites de fon bien , on ne doit pas davantage inquietter fes gendres. Mais quoique les dots foient données à titre onéreux , relativement au mari , elles ne laiffent cependant pas d'être des dons gratuits à l'égard du pere , du moins en ce qui excede la legitime des autres enfans. La raifon de cette Loi eft tirée de la crainte que des peres injuftes n'enrichiffent des enfans pour lefquels ils auroient une predilection aveugle , aux depens de leurs autres enfans.

L'Article que nous conferons en difant , que la dot fera fujette au retranchement pour la legitime , foit que la légitime foit demandée du vivant du mari, soit qu'elle ne le soit qu'après sa mort, détruit une distinction que faisoit le même Parlement, qui, au témoignage de Dolive, *liv.* 3. *ch.* 29. & de Catellan, *liv.* 4. *ch.* 65. jugeoit que les dots, quoiqu'inofficieuses, n'étoient sujettes au retranchement qu'après la mort du mari ; regardant le mari comme creancier à raison de la dot sur la foi de laquelle il s'étoit assujetti aux charges du ménage. Le même Parlement jugeoit précédemment le contraire, en sorte que sa Jurisprudence à cet égard n'avoit pas toujours été la même. Mais tous les doutes & toutes les incertitudes sont levés par la disposition precise de l'Article que nous conferons.

4. L'Article leve encore une difficulté assez considerable : on avoit douté autrefois que la dot ou le present donné à une fille qui renonce par son contrat de mariage à la succession de ses pere & mere, ou qui en est excluse par la Coutume, fûc sujette au retranchement de la legitime. La question est agitée dans le Traité des successions de le Brun au titre des renonciations, *liv.* 3. *ch.* 8. *sect.* 1. *n.* 73. il se decide pour l'affirmative, & l'Ordonnance a confirmé son opinion.

Ricard, *n.* 1118. *& suiv.* troisiéme *Par-*

rie, agite la même queſtion., & ſe décide pour la négative. Son opinion eſt fondée ſur ce qu'il ne ſeroit pas juſte que ne pouvant gagner la fille qui a renoncé puiſſe perdre ; c'eſt un hazard qu'elle a pris qui a été à ſon déſavantage, puiſque ſon pere a augmenté ſa fortune ; augmentation dont elle ne peut profiter : il ajoûte que les enfans ne peuvent pas ſe plaindre, puiſque la fille poſſede à titre onéreux.

Mais ces raiſonnemens ne ſont que ſpécieux, & ne devoient même pas être adoptés avant l'Ordonnance. L'Auteur part d'abord de la ſuppoſition que la fille pouvoit perdre ſi ſon pere augmentoit ſa fortune ; mais ce riſque eſt compenſé par la certitude où elle étoit de conſerver ce qu'elle a reçu ; ainſi il y a compenſation entre les avantages & les riſques de la renonciation, & cette compenſation met la fille qui a renoncé dans le cas de tous les Donataires.

De dire qu'elle poſſede à titre onéreux, ce n'eſt pas parler exactement : car l'on n'a jamais regardé comme donation onéreuſe celle qui procede d'une liberalité pure & où ne ſe trouve point la condition *do ut des* ; celle faite à la fille qui renonce eſt moins étendue que ne ſeroit celle à l'enfant qui ne renonceroit pas, mais ce n'en eſt pas moins une donation à titre gratuit.

Ces principes doivent avoir d'autant plus de force que l'opinion contraire ouvriroit une voye par laquelle les peres pourroient sous prétexte d'une renonciation (lucrative au fond,) priver certains enfans de leur legitime. Tout cela étoit incontestable avant l'Ordonnance ; que ne doit-on pas dire depuis qu'elle est intervenue, & que l'Article que nous conferons l'a decidé expressement contre l'avis de Ricard. Voyez au reste le Brun à l'endroit cité.

5. Les Parlemens de Grenoble & de Provence jugeoient que toutes les dots indistinctement étoient sujettes au retranchement de la legitime. Basset, *Tom. I. liv. 5. tit. 11. ch. 6.* Morgues, sur les Statuts de Provence, *p.* 193.

6. Comme l'Ordonnance n'excepte point les Donations rémuneratoires du retranchement pour la légitime, il n'est pas douteux qu'elles y sont assujetties, du moins jusqu'à la concurrence de ce qui y est compris à titre gratuit : Car ce qui fait le prix des services pour lesquels le Donataire auroit eu une action, est donné à titre onéreux, & ne doit point être retranché.

ARTICLE TRENTE-SIXIE'ME.

De la contribution aux légitimes par le Donataire des biens préfens & à venir.

1. *SI la légitime eft comprife fous les mots de dettes & charges.*

2. *Jurifprudence du Parlement de Paris.*

3. *Jurifprudence de celui de Touloufe.*

4. *Parlement de Grenoble.*

5. *Parlement de Bordeaux.*

6. *L'Article léve la difficulté.*

7. *Des Donataires à titre univerfel, comment ils contribuent à la légitime.*

8. *Si l'effet dont la difpofition eft réfervée libre au Donateur doit contribuer à la légitime.*

9. *Sentiment de M. Furgole.*

10. *Difcuffion des raifonnemens de cet Auteur.*

Dans le cas où la Donation des biens
préfens & à venir, pour le tout
ou pour partie, a été autorifée par
l'Article 17. fi elle comprend la
totalité des biens préfens & à venir, le Donataire fera tenu indéfiniment de payer les légitimes des
enfans du Donateur ; foit qu'il en
ait été chargé nommément par la
Donation, foit que cette charge
n'y ait pas été exprimée ; & lorfque la Donation ne contiendra
qu'une partie des biens préfens &
à venir, le Donataire ne fera obligé
de payer lefdites légitimes au-delà
de ce dont il en peut être tenu
de droit, fuivant l'Article 34. qu'en
cas qu'il en ait été expreflément
chargé par la Donation, & non
autrement ; auquel cas d'expreflion
de ladite charge le Donataire fera

tenu directement & avant tous les
autres Donataires, quoique postérieurs, d'acquiter lesdites légitimes,
pour la part & portion dont il aura
été chargé dans la Donation; & si ladite portion n'y a pas été expressément déterminée, elle demeurera
fixée à telle & semblable portion
que celle pour laquelle les biens présens & à venir se trouveront compris dans la Donation, sauf au Donataire dans tous les cas portés
par le présent Article de renoncer, si bon lui semble, à la Donation.

---

1. **A**Vant notre Article il y avoit une
difficulté sur laquelle les Auteurs
n'étoient pas d'accord, & que les Cours
jugeoient diversement; c'étoit celle de sçavoir, si, lorsque dans une Donation on
avoit inseré la clause que le Donataire seroit
tenu de payer sa portion *des dettes & charges*
de la succession du Donateur, la légitime
étoit

étoit comprise sous les mots de dettes & charges.

2. Le Parlement de Paris jugeoit que le mot *Charges* ne comprenoit ni les légitimes, ni les dots. Lebrun au Chapitre de la légitime, Traité des Successions. Henrys, *Tom. I. liv. 4. ch. 6. quest. 93.* Ainsi il falloit que la charge de payer les légtimes fût expresse.

3. Au Parlement de Toulouse on jugeoit le contraire, la légitime des enfans y étoit regardée comme la premiere dette du pere : & le Donataire d'une qualité de biens présens & à venir, étoit obligé de payer la légitime en proportion de la quantité dont il profitoit dans les biens donnés. Mainard, *liv. 2. ch. 93. & liv. 10. ch. 11.* Dolive, *liv. 5. ch. 15.* Cambolas, Laroche. Albert & les autres Auteurs de ce Parlement.

4. Le Parlement de Grenoble suivoit la même Jurisprudence que celui de Toulouse au témoignage de Basset, *tom. 2. l. 4. tit. 23.*

5. Bretonnier, dans ses questions de Droit, dit que tous les Parlemens de Droit Civil, suivoient la même Jurisprudence ; cependant elle n'étoit pas constante au Parlement de Bordeaux. Tantôt cette Cour comprenoit sous le mot *Charges*, les légitimes ; tantôt elle les en excluoit. La Peirere, *lett. O. n. 102.*

6. La même difficulté ne peut plus subs-

fister depuis l'Article que nous conferons.
Il prevoit le cas où la claufe de fournir les
légitimes ne feroit pas exprimée ; & il fixe
le montant de la contribution à la même
portion que celle pour laquelle les biens
font compris dans la Donation.

OBSERVATIONS.

7. **C**Et Article prévient bien des difficultés. Il eft vrai que le Donataire
par contrat de mariage de la totalité des
biens préfens & à venir, doit être tenu
indéfiniment de fournir les légitimes, puifqu'il profite de tous les biens, & qu'il eft
à la place de l'héritier ; mais il n'auroit pas
été fi facile de décider de quelle façon le
Donataire d'une quotité de biens devoit y
contribuer : car dans ce cas quoique la Donation fut bornée au tiers ou au quart des
biens préfens & à venir, elle n'étoit pas
moins faite à titre univerfel, & par conféquent il pouvoit s'élever bien des doutes :
car les Donataires poftérieurs pouvoient
prétendre être exempts de la contribution
jufqu'à ce que les Donations à titre univerfel fuffent épuifées. L'Article a prevû ce
cas, & il décide que lorfque le Donataire
d'une quotité de biens préfens & à venir,
n'aura pas été expreffement chargé de fournir les légitimes, il n'y contribuera que de

la même façon que les Donataires à titre
particulier, aux termes de l'Article 34.
mais que lorsqu'il en aura été expressément
chargé, il fera tenu directement & avant tous
les autres Donataires, quoique postérieurs,
d'acquitter les légitimes pour la portion
dont il aura été chargé par la Donation ;
& si la portion n'a pas été fixée par la Dona-
nation ; elle fera prise à proportion de celle
pour laquelle les biens presens & à venir
auront été compris dans la Donation : c'est-
à-dire, que si la Donation est d'un quart
ou d'un tiers des biens presens & à venir,
le Donataire fera tenu de fournir un quart
ou un tiers de la légitime. On ne pouvoit
rien prescrire de plus sage, & comme dans
tous ces cas la donation pouvoit devenir
onéreuse au Donataire, l'Article lui donne
la liberté de renoncer à la Donation, comme l'a fait l'Article 18.

8. M. Furgole dans ses Observations sur
cet Article, a prévu une difficulté qui ne
nous paroît pas aussi aisée à resoudre qu'il
le lui a semblé. Il pose l'espéce d'une Donation universelle de biens présens & à venir, dans laquelle le Donateur se sera reservé la faculté de disposer d'un effet ou
d'une somme à prendre sur les biens donnés, & dont il aura en effet disposé par
testament : Il demande si dans ce cas le

Donataire universel peut obliger les légitimaires à discuter celui qui a profité de la
chose dont le Donateur s'étoit reservé la
la disposition.

9. Cet Auteur prétend que la négative
ne doit pas faire de difficulté, & se fonde:
1º. Sur ce que l'Article 34. qui ordonne
la discussion des derniers donataires avant
d'attaquer les précédens, ne comprend que
les Donations particulieres ou d'une quotité, & non les Donations universelles. La
deuxiéme raison qui le détermine, est que
le Donataire universel étant à la place de
l'Héritier, il doit acquitter toutes les charges de la succession, & par conséquent les légitimes, au témoignage d'Albert. 3º. Que si
les biens reservés devoient être assujettis au
payement des légitimes, la reserve se trouveroit inutile parce que les legitimes l'ab-
sorberoient, & par conséquent ce seroit
en vain que le Donateur auroit stipulé la faculté d'en disposer. 4º. Enfin que l'Article
que nous conferons, suppose que les biens
reservés ne doivent point contribuer à la
légitime, puisqu'il assujettit le Donataire
universel à la payer indéfiniment sans distinguer s'il y a reserve ou non, & qu'il permet au Donataire de renoncer à la Donation. Preuve que la Donation peut devenir
onéreuse à cause des dettes & charges, le-

gitimes & réserves. Ce qui n'arriveroit pas
si les biens réservés pouvoient être épuisés
avant de toucher aux biens compris dans
la Donation universelle ; & M. Furgole
pretend que sa décision doit avoir lieu, soit
que le Donataire ait été expressément chargé de fournir les légitimes, ou non.

10. Les raisons qui fondent son avis ne
nous paroissent pas à beaucoup près aussi
décisives qu'il l'a pensé ; la premiere, tirée
de ce que l'Article 34. ne parle pas des Donations universelles, mais de celles d'un objet particulier ou d'une quotité de biens ,
ne décide rien : parce que d'un côté on ne
peut pas dire que cet Article parle plutôt
des Donations particulieres que des universelles ; sa disposition est indéfinie, il
parle en géneral des Donations faites par
le Donateur, sans specifier si c'est à titre
particulier ou universel ; de l'autre, s'il
s'agissoit ici de Donations universelles ,
l'Article que nous conferons devroit servir de regle à la décision de la question.
Mais on ne peut pas dire qu'il s'agisse à
proprement parler d'une Donation universelle, lorsque le Donateur y a mis des bornes, comme dans l'espece présente. Car
lorsqu'il y a une réserve, comme elle peut
être d'une portion de biens considerables,
la Donation cesse necessairement d'être uni-

verselle, *& de comprendre la totalité des biens préfens & à venir*, comme s'exprime notre Article ; elle ne comprend qu'une partie, & dès-là elle rentre dans la difpotion de l'Article 34. en l'interpretant comme le fait l'Auteur des Obfervations ; ou du moins ce qu'il y a de bien certain, c'eft qu'alors elle fe doit regler par l'Article que nous conferons qui veut que *lorfque la Donation ne contiendra qu'une partie des biens préfens & à venir, le Donataire ne foit obligé de payer les legitimes au-delà de ce dont il en peut être tenu de droit fuivant l'Art. 34. qu'en cas qu'il en ait été expreffément chargé par la Donation & non autrement, auquel cas d'expreffion de la charge, le Donataire fera tenu directement & avant tous les autres Donataires, quoique poftérieurs, d'acquitter lefdites legitimes.* Si donc il n'en eft pas expreffément chargé, il ne peut être obligé d'y contribuer que fuivant l'ordre établi par l'Article 34. & par conféquent les Légitimaires feront obligés de difcuter l'objet refervé, avant d'en venir au Donataire. Le droit de celui-ci étoit acquis dès l'inftant de la Donation ; le Donateur pouvoit ne pas difpofer de l'effet refervé, ou du moins il pouvoit ne difpofer que d'une partie, alors on n'auroit pas pu douter qu'il fallût difcuter la partie dont il n'auroit pas difposé avant d'en venir aux biens compris dans le Testament, & ensuite discuter ceux-ci avant d'en venir à ceux compris dans la Donation.

A l'égard de la seconde raison, elle ne prouve pas davantage. Il est vrai que le Donataire est regardé comme un Héritier. *Hi qui in universum jus succedunt, hæredis loco habentur*, & qu'il doit acquitter les charges de la succession. Mais tant que ceux qui ont des Droits à prétendre, peuvent s'attacher aux biens restés dans la succession, ils ne peuvent attaquer des Donataires. D'ailleurs de ce que le Donataire universel *est loco hæredis*, & qu'il doit payer les dettes & charges, il ne faut pas conclure en géneral qu'il est obligé de payerles legitimes. C'est une maxime qu'il faut restraindre aux Parlemens de Toulouse & de Grenoble comme nous l'avons dit ci-dessus.

A l'égard de la troisiéme raison, l'inconvenient que l'Auteur voudroit faire craindre n'a rien de réel. Il n'y en a aucun en effet à voir la réserve devenir inutile. Le Donateur s'est conservé une faculté à la vérité ; mais il ne s'est pas imposé l'obligation de disposer. La raison de l'inutilité de la réserve prouveroit trop, si elle prouvoit quelque chose : car, dans la crainte que la reserve ne restât inutile, on pourroit dire

qu'elle ne devoit point contribuer au sup-
plément de la legitime , il faudroit qu'elle
fût exempte de cette contribution , même
en cas que le Donateur n'eût pas difposé de
de l'effet réfervé ; ce qui feroit abfurde.

Enfin l'obligation que notre Article impofe au Donataire univerfel d'acquitter indéfiniment les légitimes , & la faculté qu'il
lui donne de renoncer à la Donation, ne
fuppofent point comme ledit M. Furgole
que les effets réfervés ne doivent point
contribuer au fourniffement de la légitime. L'obligation impofée par l'Article
au Donataire n'eft fondée que fur la fuppofition que fa Donation comprend la
totalité des biens du Donateur ; enforte
qu'il ne refte à celui-ci après fa mort
ni biens libres ni effets dont il ait difpofé par teftament , autrement le Donataire ne pourroit pas être dit Donataire
univerfel de tous les biens. En un mot l'efprit & la lettre de l'Ordonnance , font que
les Donations foient inébranlables , tant
qu'il fe trouvera des biens, *ab inteftat* , ou
dont le Donateur aura difpofé par teftament , ou dont il aura difpofé poftérieurement entre-vifs ; au refte la faculté de renoncer ne prouve rien pour l'efpéce dont
il s'agit : car il pouvoit fort bien arriver que quoique les effets réfervés fuffent

épuifés, les dettes & les autres charges ren-
diffent la Donation onéreufe. Il faut donc
conclure que les effets réfervés doivent contribuer à la légitime avant les biens compris
dans la Donation univerfelle ; autrement un
homme dont la fortune monteroit en tout à
30000 l. pourroit faire une Donation univerfelle de fes biens préfens & à venir, avec referve
de pouvoir difpofer d'une maifon valant
20000 l. il donneroit cette maifon entre-
vifs ou par teftament, & fuivant M. Furgole
on pourroit dire qu'elle feroit exempte de la
contribution à légitime ; c'eft une propofi-
tion qui révolteroit également l'équité & les
regles prefcrites par l'Ordonnance.

ARTICLE TRENTE-SEPTIE'ME.

Continuation du même sujet.

Si néanmoins le Donataire par contrat de mariage de la totalité ou
de partie des biens préfens & à venir, déclare qu'il opte s'en tenir
aux biens qui appartenoient au
Donateur au tems de la Donation,
& qu'il renonce aux biens poftérieurement acquis par le Donateur, fuivant la faculté qui lui eft
accordée par l'Article 17. les légitimes des enfans fe prendront fur
lefdits biens poftérieurement ac-
quits s'ils fuffifent ; finon ce qui
s'en manquera fera pris fur tous
les biens qui appartenoient au Donateur dans le tems de la Donation. Si elle comprend la totalité

defdits biens : & en cas que la Donation ne foit que d'une partie des biens, & qu'il y ait plufieurs Donataires, la difpofition de l'Article 34. fera obfervée entre eux, felon fa forme & teneur.

CET Article eft une fuite & une explication du précédent. Nous n'avons rien à ajouter aux Obfervations qu'ont faites à fon égard MM. Furgole & Boutaric.

ARTICLE TRENTE-HUITIE'ME.

De la prescription contre les Légitimaires.

La prescription ne pourra commencer à courir, en faveur des Donataires contre les Légitimaires, que du jour de la mort de ceux sur les biens desquels la légitime sera demandée.

ARTICLE TRENTE-NEUVIE'ME.

De la révocation des Donations par survenance d'enfans.

1. **L**A Loi Si unquam étoit chez les Romains la regle de ces révocations.

2. Coutumes d'Auvergne.

3. de Bourbonnois.

4. de Normandie.

5. Que la Cause Pie devoit suivant quelques Auteurs empécher la révocation.

6. Ce que l'on jugeoit au Parlement de Toulouse.

7. L'Ordonnance ne comprend que les Donations entre vifs, & non celles à cause de mort, ni les Testamens.

8. Inconveniens de la maxime contraire.

9. Trois opinions sur l'effet de la Loi Si unquam.

10. Sentiment particulier de Ricard.

11. L'Ordonnance a adopté la premiere opinion.

12. C'étoit aussi la Jurisprudence du Parlement de Toulouse.

13. Celle du Parlement de Paris étoit contraire.

Toutes Donations entre-vifs faites par perſonnes qui n'avoient point d'enfans ou de deſcendans, actuellement vivans dans le tems de la Donation, de quelque valeur que leſdites Donations puiſſent être, & à quelque titre qu'elles ayent été faites, & encore qu'elles fuſſent mutuelles ou rémunératoires; même celles qui auroient été faites en faveur de mariage par autres que par les conjoints ou les aſcendans, demeureront révoquées de plein droit par la ſurvenance d'un enfant légitime du Donateur; même d'un Poſthume, ou par la légitimation d'un enfant naturel par mariage ſubſéquent, & non par aucune autre ſorte de légitimation.

DROIT ROMAIN.

1. **A**Vant l'Ordonnance c'étoit la Loi *Si unquam*; qui servoit de regle dans cette matiere. *Si unquam libertis patronus filios non habens bona omnia vel partem aliquam facultatum fuerit Donatione largitus & postea susceperit liberos : totum quidquid largitus fuerat revertatur in ejusdem donatoris arbitrio ac dictione mansurum.* Loi 8. Cod. de revoc. Don. L'Ordonnance porte des dispositions beaucoup plus claires & plus étendues que cette Loi qui avoit donné lieu à nombre de difficultés.

DROIT COUTUMIER.

2. **L**Es Coutumes ont des dispositions differentes sur la revocation des Donations par survenance d'enfans. Celle d'Auvergne, *ch.* 14. *Art.* 34. veut que les Donations faites en contrat de mariage & en faveur des mariés, ne soient pas révocables, quoiqu'il survienne des enfans au Donateur depuis qu'elles auront été faites, si ce n'est en ce que concerne la légitime.

Dumoulin

Dumoulin dans sa notte sur cet Article :
dit, *hæc consuetudo est contra jus.*

3. La Coutume de Bourbonnois, Article 22. veut que la survenance des enfans révoque les Donations universelles, ou *per modum quotæ*, excepté les Donations faites en contrat de mariage qui sont irrévocables.

4. L'Article 449. de la Coutume de Normandie porte, que les Donations faites par hommes ou femmes qui n'avoient point d'enfans lorsqu'elles ont été faites, peuvent être revoquées par le Donateur, s'il lui survient des enfans en legitime mariage, excepté celle faite en contrat de mariage & pour la dot de la femme, laquelle est revoquée quant à la propriété seulement : l'usufruit demeurant à la femme ; & si elle a été faite au mari, la femme aura le douaire sur les choses données.

SENTIMENS DES AUTEURS.

5. AVant cet Article la faveur dûe aux Donations faites pour la cause pie, balançoit dans l'esprit de certains Auteurs celle dûe aux enfans. *Voyez Tiraqueau sur la Loi Si unquam*, n. 79. & 82.

6. La Jurisprudence du Parlement de

X

Touloufe n'a pas toujours été certaine à cet égard; les anciens Arrêts ne révoquoient ces Donations que jufqu'à concurrence de la legitime des enfans furvenus. Mainard, *liv.* 5. *ch.* 41. Mais depuis on a jugé le contraire, Catellan, *liv.* 5. *ch.* 8. Il ne doit plus y avoir de doute à préfent fur cette queftion, outre que les meilleurs Auteurs tenoient pour la révocation, Ricard, *part.* 3. *n.* 611. Notre Article les y comprend implicitement par les mots génériques : Toutes Donations entrevifs, à quelque titre qu'elles foient faites.

7. L'Ordonnance ne preferivant la révocation des Donations par furvenance d'enfans, n'y a compris que les Donations *entre-vifs*, & par-là elle a décidé une queftion fort agitée par Ricard, & par les autres Auteurs qui vouloient que les Donations à caufe de mort & les Teftamens fuffent revoqués par le même moyen ; & en cela l'Ordonnance eft dans les vrais principes, puifqu'il étoit inutile d'introduire une révocation légale dans un cas où la feule volonté du Donateur fuffit pour rendre fans effet & le Teftament & la Donation à caufe mort, qui n'ont d'effet que du jour du decès de celui qui les a faits; au lieu que les Donations entre vifs étant par

leur nature irrévocables & ayant leur effet du jour de leur datte, il a fallu accorder au Donateur le moyen de rentrer dans un patrimoine qu'il devoit conserver à ses enfans.

8. Les inconveniens qui suivent l'opinion contraire, suffiroient seuls pour la faire condamner : car les Auteurs y font des distinctions & y apportent des limitations si singulieres & si subtiles que rien ne seroit plus embarrassant que de les suivre. Voyez Ricard, *n.* 624. *& suiv.* & M. Furgole, *question* 12. *nomb.* 31. *& 32.* où il veut, 1°. qu'une Donation à cause de mort & un Testament soient revoqués, quand celui qui les a faits meurt pendant la grossesse de sa femme. 2°. Que quand la Donation est universelle il en soit de même, & qu'il en faut imputer le défaut de révocation à négligence plutôt qu'au défaut de volonté. Dans tous ces cas les enfans ayant leurs légitimes assurées, c'est un malheur pour eux si le pere les a privés d'un bien qu'il pouvoit leur enlever ; & ce seroit trop hazarder que de faire dépendre la validité & l'exécution des volontés des morts, de présomptions & de conjectures arbitraires. Ce qui confirme l'opinion que l'on vient d'établir, c'est que notre Article spécifie les Donations entre vifs, & par-là exclut cel-

les à cause de mort. Si le Legiſlateur avoit penſé qu'il fût beſoin de comprendre les Donations à cauſe de mort, il l'auroit fait avec autant de ſoin qu'il en a pris pour preſcrire quelques regles nouvelles au commencement de l'Ordonnance que nous conferons ſur ces mêmes Donations.

OBSERVATIONS.

9. LA premiere des difficultés à laquelle la Loi *Si unquam* a donné lieu, eſt la queſtion de ſçavoir ſi ſuivant cette Loi, toutes ſortes de Donations étoient révoquées par ſurvenance d'enfans. Il y a eu trois opinions qui ont diviſé les Docteurs. Les uns penſoient que toutes ſortes de Donations étoient révoquées par ſurvenance d'enfans. De ce nombre étoit le Préſident Faber en ſon Cod. *liv. 8. tit. 38.* Julius Clarus & les autres Juriſconſultes cités par Tiraqueau ſur la Loi *Si unquam.*

Les autres ont penſé que les Donations n'étoient révoquées que lorſqu'elles étoient de tous biens, ou du moins de la moitié. Voyez les Auteurs cités par Tiraqueau à l'endroit cité.

Les autres enfin ont voulu que les Donations ne fuſſent révoquées que lorſqu'elles feroient d'une quotité, comme d'un tiers, d'un quart, d'un sixiéme dans l'universalité des biens. Voyez encore le même Tiraqueau.

Ricard, *troisiéme Partie, n. 605.* ouvre une quatriéme opinion. Il veut que cette décision dépende absolument des présomptions & des particularités de l'espéce où l'on se trouve. Il fait l'énumeration des raisons qu'on peut avoir de confirmer une Donation malgré la survenance d'enfans.

11. De toutes ces opinions l'Ordonnance n'a adopté que la premiere comme étant conforme à l'esprit & à la lettre de la Loi *Si unquam* ; on ne conçoit pas même comment il peut y avoir jamais eu de difficulté sur l'interprétation des mots *bona omnia vel partem aliquam* qui ne peuvent signifier autre chose sinon que, si le Donateur donne l'universalité, ou quelque partie de son bien par Donation entre-vifs , *totum quidquid largitus fuerat*, tout ce qu'il a donné rentrera dans son patrimoine, dès qu'il lui naîtra des enfans.

12. La Jurisprudence du Parlement de Toulouse étoit conforme aux sentimens qu'a adopté l'Ordonnance. Mainard , *liv. 4. ch. 12.* Catellan , *liv. 4. ch. 41.* Albert, *verbo Don.* Citent des Arrêts de ce Parlement qui jugeoient que la survenance d'en-

fans, révoquoit même les Donations particulieres.

13. Le Parlement de Paris jugeoit le
contraire, *Journal du Palais*, tom. *1. liv.
8. ch. 33.* Soefve, *tom. 2. centurie premiere,
ch. 18.*

Il ne peut plus y avoir de difficulté à cet
égard, depuis l'Article que nous conférons
qui par le mot général *toutes*, embraffe
toutes fortes de Donations univerfelles ou
particulieres à quelque titre quelles foient
faites, & de quelle valeur qu'elles foient,
comme le porte la fuite de l'Article.

14. Quelques Auteurs, au nombre defquels étoient, Ricard, Traité du Don
mutuel, *n. 213. & fuiv.* & Auzanet, fur
l'Article 280. de la Coutume de Paris,
avoient penfé que les Donations mutuelles
faites entre autres perfonnes que les maris
& femmes, n'étoient pas révoquées par
furvenance d'enfans, à l'égard de celui des
contractans qui n'en avoit pas, & Papon,
fur la Loi, *Si unquam*, avoit cru qu'elles
n'étoient révoquées qu'en ce qu'elle n'étoient
pas égales ; enforte qu'il n'y avoit que
l'excédent qui fût fujet à la révocation ; les
raifons que ces Auteurs ont donné de leurs
opinions, n'ont pas empêché que ces fortes
de Donations n'ayent été comprifes dans la

révocation prescrite par notre Article.

15. A l'égard des Donations rémunératoires, la difficulté a été plus grande, & la question de sçavoir si elles étoient révoquées par la survenance d'enfans, a donné lieu à nombre de questions. Celle sur laquelle les Auteurs étoient le plus d'accord, étoit que les Donations faites en récompense de services inestimables n'étoient point révoquées.

16. Au reste, les uns vouloient que ces Donations ne fussent révoquées que pour l'excédent des services qui leur avoient servi de motif & de ce nombre étoient, Mainard, Catellan, Papon & Tiraqueau.

D'autres regardant les Donations rémunératoires, moins comme des libéralités, que comme des aliénations à titre onéreux, ne vouloient pas qu'elles fussent révoquées en aucune façon, prétendant que le Donateur avoit seul pû mettre le prix aux services rendus, & qu'on devoit respecter sa volonté. M. Louet, *lett. D. som.* 52. M. Dolive, *liv. 4. ch.* 7. & cette opinion a été confirmée par les Arrêts du Parlement de Rouen, rapportés par Basnage, sur l'Article 449. de la Coutume de Normandie, & de Bordeaux, *Journal du Palais.*

Les Auteurs étoient même partagés sur

la nature de la preuve qu'on devoit recevoir
pour connoître la valeur des services : les
uns vouloient qu'on suivît l'estimation du
Donateur ; les autres qu'on la fît faire par
experts , les autres , en un mot , qu'on la
fît dépendre de la prudence des Juges.

Pour Ricard , *n.* 612. de la troisiéme
Partie du Traité des Donations , il faisoit
dépendre la révocation même de la prudence des Juges ; il paroît cependant , suivant
cet Auteur , que la Jurispudence la plus
génerale étoit que les Donations ne fussent
revoquées que jusqu'à la concurrence de ce
qui en excedoit la valeur des services.

17. Depuis l'Article que nous conférons
il ne peut plus y avoir de doute sur la révocation des Donations rémuncratoires , &
l'on doit tenir que toutes les Donations de
cette espèce sont revoquées par la survenance d'enfans, quelque motif qui ait déterminé le Donateur , sauf au Donataire son
action telle que de droit pour se procurer le
prix des services rendus.

18. La reconnoissance est sans doute un
des plus justes sentimens du cœur & un des
liens les plus sacrés de la societé ; mais elle
n'a rien de si favorable qui ne doive céder à
la subsistance des enfans qui surviennent
au Donateur , depuis qu'il a fait la Donation , & la loi présume toujours que s'il

eût prévû qu'il auroit un jour des enfans, il auroit encore préferé les fentimens de l'amour paternel à ceux d'une gratitude dont l'excès ne peut, à la verité, être que louable, abftraction faite des enfans, mais qui devient indifcret, dès qu'il diminue un patrimoine deftiné par les Loix au foutien de fa famille. Il faut donc que les fervices foient prouvés & qu'ils foient d'une nature à donner au Donataire une action pour en demander la récompenfe.

19. Quelques Auteurs, & entre autres, Ricard, *Partie troifiéme, nomb.* 587. *& fuiv.* prétendoient que la Donation faite par contrat de mariage, n'étoit pas révoquée par la furvenance d'enfans. Il combat l'opinion de Dumoulin qui foutenoit le contraire : mais notre Article a terminé la difficulté, en affujettiffant ces Donations à la révocation, l'Ordonnance regardant toujours l'interêt des enfans comme le plus digne de confidération & de faveur.

20. La Jurifprudence du Parlement de Provence étoit conforme. Boniface, *tom. I. Partie premiere, liv.* 7. *tit.* 9. *ch.* 3. Le Parlement de Bordeaux fuivoit la même Jurifprudence, Arrêt du 6 Fevrier 1674.

21. l'Article que nous conferons, en déclarant que la révocation fe fait de plein droit, a encore terminé une grande dif-

pute entre les Docteurs , & a concilié la Jurisprudence des Parlemens ; car suivant Ricard , *Partie troisiéme , n. 646.* & Ferriere sur la Coutume de Paris , la révocation ne se faisoit pas de plein droit.

22. Au Parlement de Paris on jugeoit que pour que la Donation fût revoquée, il falloit que le pere formât sa demande en révocation pendant sa vie. Arrêt du 4 Mars 1656. *Journal des Audiences.*

23. Au Parlement de Rouen la survenance des enfans révoquoit de plein droit les Donations même remunératoires. Arrêt du 5. Juillet 1672. *Journal du Palais.*

24. La Jurisprudence & le sentiment des Auteurs étoient conformes à la fin de notre Article qui veut que les enfans naturels du Donateur , légitimés par le mariage subséquent, donnent également lieu à la révocation , & que telle autre sorte de légitimation ne puisse y donner lieu. Voyez Ricard *pag. 3. n. 599.* & les Auteurs cités par M. Furgole , *quest. 17.*

25. Ce dernier Auteur veut , à l'endroit cité , qu'il y ait plusieurs cas où cette regle n'ait pas lieu ; 1°. Dans le cas d'un Religieux Profés qui se marie à une femme dont la bonne foi fait réputer les enfans légitimes ; 2°. Dans l'espece d'un condamné à mort par contumace , qui se marie à une femme qui

ignore fon état. Dans ces deux cas ce n'eft
point, comme le dit l'Auteur, la mauvaife
foi du Donateur qui empêche la révocation;
c'eft la raifon tirée de la mort civile qui
comme la mort naturelle, donne ou-
verture à la fucceffion, & confirme irrévocablement tous les Actes qui ont été précé-
damment paffés par le Donateur. Dans ces
deux cas, les enfans font incapables de recueillir les biens de ceux dont ils font nés,
quoiqu'ils foient reputés légitimes, dès que
ces biens lui ont eté acquis avant la mort
civile, qui coupe le fil qui pouvoit les y
conduire, par l'incapacité abfolue qu'elle
imprime fur leur pere.

26. Mais dans tous les autres cas où il
n'y a point de pareille incapacité, ce n'eft
point de la bonne foi du Donateur qu'il faut
faire dépendre la révocation des Donations;
mais de la feule légitimité des enfans; car
ce n'eft point, comme le dit M. Furgole,
la mauvaife foi du pere qui regle en ce cas
le fort des enfans; l'Ordonnance ne l'en
fait point dépendre : C'eft de leur feule légitimité ; ce n'eft point en faveur du pere
que les Donations font révoquées par furvenance d'enfans ; c'eft la confidération
feule de ces derniers.

ARTICLE QUARANTIE'ME.

Continuation de l'Article précédent.

1. *Jurisprudence du Parlement de Bordeaux.*
2. *Jurisprudence de celui de Toulouse.*

Ladite révocation aura lieu, encore que l'enfant du Donateur ou de la Donatrice fût conçu au tems de la Donation.

1. AU Parlement de Bordeaux on jugeoit que la révocation de la Donation étoit operée par la survenance de l'enfant conçu au tems de la Donation. Arrêt du 17 Août 1673. *Journal du Palais.*

2. Au Parlement de Toulouse la Donation faite par une femme grosse n'étoit pas révoquée. Catellan, *tom. 2. liv. 4. ch. 41.*

ARTICLE QUARANTE-UNIÉME.

Rien ne peut empêcher cette révocation.

1. *Qu'avant l'Ordonnance, le déſaiſiſſement effectif du Donateur rendoit la révocation problématique.*

2. *Premiere queſtion qui partageoit les Auteurs.*

3. *Deuxiéme queſtion.*

4. *Juriſprudence des Cours.*

5. *Si l'enfant exhérédé ou mort civilement, opère la révocation.*

6. *De la reſtitution des fruits.*

La Donation demeurera pareillement révoquée, quand même le Donataire seroit entré en possession des biens donnés, & qu'il y auroit été laissé par le Donateur, depuis la survenance de l'enfant, sans néanmoins que ledit Donataire soit tenu de restituer les fruits par lui perçus, de quelque nature qu'ils soient, si ce n'est du jour que la naissance de l'enfant ou sa légitimation par mariage subséquent lui aura été notifiée par Exploit, ou autre Acte en bonne forme ; & ce quand même la demande pour rentrer dans les biens donnés n'auroit été formée que postérieurement à ladite notification.

1. L'Article que nous conferons, en voulant que les Donations demeurent revoquées, quand même le Donateur auroit laiſſé le Donataire en poſſeſſion des biens depuis la ſurvenance, d'enfans a levé une grande difficulté.

2. Les Auteurs s'accordent aſſez à dire que la révocation ſe faiſoit de plein droit par la ſurvenance d'enfans ; mais ils étoient partagés ſur deux queſtions. La premiere étoit celle de ſçavoir ſi les enfans pouvoient former leur demande en révocation, lorſque le pere ne l'avoit pas formée de ſon vivant. Voyez les Auteurs cités par Bretonnier dans ſes queſtions notables de Droit. On ne voit pas comment il pouvoit y avoir de difficulté à tenir l'affirmative, dès que les Auteurs mêmes qui agitoient la queſtion convenoient que la révocation ſe faiſoit de plein droit. Car, comme le dit Godefroy, ſur la Loi *ſi unquam*, dès que la révocation eſt l'ouvrage de la Loi, & qu'elle ſe fait *ipſo jure*, il n'eſt pas beſoin de l'action de l'homme, *nullo hominis miniſterio opus eſt*. Bartole ſur cette même loi, fortifie encore ce principe; & c'eſt le ſentiment du judicieux

Coquille sur la Coutume de Nivernois, *tit.*
des Donations, Art. 13.

3. La seconde question rentroit dans la
premiere, & devoit se résoudre par la même regle. C'étoit celle de sçavoir, si, quand
l'enfant dont la naissance a fait que la Donation a été revoquée de plein droit, meurt
avant que le pere ait signifié la révocation
au Donataire, la Donation peut être révoquée après la mort de l'enfant.

Ricard qui étoit convenu que la survenance des enfans annulle de plein droit la
Donation, a embrassé l'opinion de ceux
qui prétendoient que la Donation ne pouvoit plus se révoquer quand elle ne l'avoit
pas été du vivant des enfans. Il combat l'o-
pinion contraire, avec quelques scrupules
cependant, & il fait assez entendre que ce
qui l'a déterminé à s'écarter en cette occasion des vrais principes de la matiere, c'est
l'autorité de quelques Arrêts qu'il cite.
Voyez la troisiéme partie du Traité des
Donations, *n.* 633. *& suiv.*

4. La Jurisprudence des Arrêts n'étoit
pas certaine. Le Prêtre, *Centurie* 2. *ch.* 15.
dit qu'il a été jugé à son rapport que, quand
l'enfant est décedé, & que le Donateur a
laissé jouir le Donataire, la Donation sub-
siste.

Dans

Dans le recueil des Arrêts notables , *tom.* *1. pag.* 361. il y en a un qui juge le contraire ; mais dans l'espéce de cet Arrêt le Donateur avoit fait signifier l'extrait Baptistaire de l'enfant.

Au Parlement de Toulouse , on jugeoit que la Donation étoit revoquée *Bon. Plaid.* 7.

On jugeoit la même chose au Parlement de Grenoble , Basset , *tom.* 2. *liv.* 6. *tit.* 3. *ch.* 2.

Au Parlement de Dijon on suivoit la même Jurisprudence , Bouvot , *Partie troisiéme* , sur le mot Donation , *quest.* 8.

Le Parlement de Bordeaux ne prononçoit pas la révocation, lorsque trois circonstances concouroient , que le pere eut survêcu long-tems à son fils , qu'il ne se fut jamais plaint , & qu'il eut laissé le Donataire en jouissance.

5. Ce que nous venons de dire résoud la question de sçavoir , si l'enfant exhéredé ou mort civilement opére la revocation. Il faut tenir à présent pour principe certain que la naissance opere la révocation de plein droit, & que la Donation ne peut revivre que par une nouvelle disposition , comme le porte l'Article 43. de notre Texte.

6. A l'égard de la restitution des fruits , les Auteurs ne s'accordoient pas davanta-

ge : Les uns vouloient que la révocation se
faisant de plein droit, les fruits fussent dûs
du jour de la Donation, les autres du jour
de la naissance de l'enfant, les autres du
jour que le Donataire l'aura sçue, les autres enfin du jour de la demande & notification de la naissance de l'enfant, & c'est
cette derniere opinion que notre Article a
adoptée. La Jurisprudence des Arrêts y
étoit conforme.

ARTICLE QUARANTE-DEUXᵉ.

Les biens donnés rentrent fans charge dans le patrimoine de Donateur.

1. *Difficultés confidérables que leve cet Article.*
2. *Si la femme a fon recours fubfidiaire fur les biens donnés.*
3. *Sentiment de Ricard pour la négative.*
4. *Opinion de M. Dolive pour l'affirmative.*
5. *Le Parlement de Bordeaux jugeoit pour l'affirmative.*
6. *Le Parlement de Rouen jugeoit de même.*
7. *Au Parlement de Toulouse, même Jurif-prudence.*
8. *Si les tiers Acquéreurs peuvent être dé-poffédés par le Donateur.*
9. *De l'hypotéque fubfidiaire, lorfque le Donateur s'eft rendu caution de l'exécution du contrat de mariage.*

Les biens compris dans la Donation révoquée de plein droit, rentreront dans le patrimoine du Donateur, libres de toutes charges & hypotèques du chef du Donataire, sans qu'ils puiſſent demeurer affectés même ſubſidiairement à la reſtitution de la Dot de la femme dudit Donataire, repriſes, douaires ou autres conventions matrimoniales; ce qui aura lieu, quand même la Donation auroit été faite en faveur de mariage du Donataire, & inſérée dans le contrat, & que le Donateur ſe ſeroit obligé comme caution par ladite Donation à l'exécution du contrat de mariage.

1. C'Étoit encore une grande queſtion parmi les Auteurs, que celle de ſçavoir ſi les biens compris dans la Dona-

tion révoquée de plein droit, rentroient dans le patrimoine du Donateur libres de toutes charges & hipothèques ; & c'en étoit encore une plus difficile de sçavoir, si au moins la femme avoit son recours subsidiaire sur ces biens pour ses conventions matrimoniales.

2. Charondas, dans ses réponses, *liv. 3. ch. 63. & liv. 4. ch. 8.* soutient l'affirmative, & traite d'erreur l'opinion contraire.

3. Ricard établit la négative *Partie troisiéme, n. 652. & suiv.* c'étoit aussi le sentiment de Dumoulin, il l'explique à l'occasion d'un Arrêt qui fut rendu alors en sa faveur, & qui ne conserva à la femme du Donataire son hypotèque sur les biens donnés, que parce que Dumoulin voulut bien y consentir.

M. Dolive, *liv. 4. ch. 6.* tient pour l'hypothéque subsidiaire de la femme, & se fonde sur l'Arrêt de Dumoulin ; mais cet Auteur n'avoit pas fait attention au consentement exprès de Dumoulin à l'hypotéque sur les biens par lui donnés. Il est vrai que M. le Prêtre, *Centurie 2. ch. 15. n. 36.* dit qu'il n'a vû sur l'Arrêt qui est au Greffe aucune mention de ce consentement. Mais Dumoulin nous l'atteste dans son Traité *de Donationibus in contractu matrim. fact. n. 86.*

Au Parlement de Bordeaux , on suivoit le sentiment de Dolive, & on accordoit à la femme l'hypothèque subsidiaire. Leseron, *liv. 2. tit 5. n. 1.* La Peirere *lettre D. n. 67.*

6. Basnage , sur l'Article 449. de la Coutume de Normandie , dit qu'on suit la même Jurisprudence au Parlement de Rouen.

7. Au Parlement de Toulouse on accordoit aussi à la femme son recours subsidiaire pour sa dot & pour l'augment. Voyez les Arrêtistes de ce Parlement.

8. Quoique l'Article que nous conferons ne parle que des Hypotèques & charges que le Donataire auroit pu créer sur les biens donnés ; il n'est cependant pas douteux que le Donateur a le droit de déposséder les tiers acquéreurs de ces biens , & de faire résoudre les aliénations qui en auroient été faites par le Donataire , sauf à eux leur recours contre leur vendeur, qui n'a jamais possédé les biens que sous la condition tacite que le Donateur n'auroit point d'enfans, Ricard , *troisiéme partie , n. 651.* ce qui est encore confirmé par l'Article 45. de notre Ordonnance qui veut que les tiers détempteurs des biens compris dans la Donation révoquée, ne puissent opposer la prescription qu'après trente ans de possession , à compter du jour de la naissance des enfans qui y ont donné lieu.

9. La fin de l'Article que nous conferons leve une difficulté qui auroit pû naître, fi la Loi n'avoit pas prévû le cas du cautionnement du Donateur. Ricard & d'autres Auteurs vouloient que les biens donnés demeuraffent hypotéqués fubfidiairement, quand le Donateur s'étoit rendu caution par la Donation de l'exécution du contrat de mariage.

10. Ricard donne pour raifon de fon opinion, que fi dans ce cas les biens donnés reftent hypotéqués, ce n'eft pas en vertu de la Donation qui eft refolue, mais c'eft parce que le Donateur refte obligé comme *fidejuffeur* du mari envers fa femme. L'obligation qu'il a contractée par ce cautionnement n'eft pas un principe gratuit envers elle ; ainfi le bénéfice de la Loi ne peut lui être appliqué.

11. Mais cette décifion de Ricard n'étoit pas exacte, même rélativement au tems où il écrivoit. Quoiquẽ la donation n'eût pas un principe gratuit à l'égard de la femme, elle n'étoit pas moins une libéralité purement gratuite à l'égard du mari qui eft le Donataire. Ce n'eft point la différence des hypothèques aufquelles le Donataire peut affecter les biens donnés qui doit faire une différence dans la libération qu'ils acquiérent par la révocation : fi la décifion

de Ricard avoit eu lieu dans son tems, il
n'est point de Donation que l'on n'eut
mise à l'abri de la révocation par survenance d'enfans, en stipulant un cautionnement de la part du Donateur; cautionnement qui alors seroit devenu de stile ordinaire, & l'on auroit éludé par-là une loi si
conforme à l'humanité & à l'équité naturelle.

ARTICLE QUARANTE-TROIS.

Les Donations révoquées ne pourront revivre que par une nouvelle disposition.

1. CE qu'il faut pour faire revivre les Donations révoquées.

Les Donations ainsi révoquées ne pourront revivre, ni avoir de nouveau leur effet, ni par la mort de l'enfant du Donateur, ni par aucun Acte confirmatif ; & si le Donateur veut donner les mêmes biens au même Donataire soit avant ou après la mort de l'enfant, par la naissance duquel la Donation avoit été révoquée, il ne le pourra faire que par une nouvelle disposition.

1. CET Article n'eſt qu'une ſuite des précedens : dès que le Légiſlateur avoit déclaré les Donations révoquées de plein droit par la ſurvenance d'enfans, il étoit naturel qu'il ordonnât que pour les faire revivre il falloit une nouvelle Donation. Au reſte il a levé deux difficultés qui avoient fort partagé les Auteurs; c'étoit, 1°. De ſçavoir ſi le décès des enfans faiſoit revivre la Donation : 2°. Si un acte confirmatif, ou telle autre approbation que ce fût, rendoit la révocation légale inutile. Ricard avoit décidé pour l'affirmative ; mais ſon ſentiment entraînoit trop d'inconvéniens pour être adopté par le Légiſlateur. *Voyez le Traité des Donations, troiſiéme Partie, n. 633. & ſuiv.*

ARTICLE QUARANTE-QUATRE.

Le Donateur ne pourra renoncer
à la révocation.

1. *LA question que décide l'Article étoit
fort agitée.*

Toute clause ou convention par laquelle le Donateur auroit renoncé à la révocation de la Donation par survenance d'enfans, sera regardée comme nulle, & ne pourra produire aucun effet.

---

1. LA question que décide cet article étoit fort controversée par les Auteurs. Les uns tenoient pour la validité de la renonciation, les autres contre. La Jurisprudence des Parlemens n'étoit pas non plus uniforme ; mais cependant généralement parlant elle rejettoit la renonciation

au bénefice de la Loi. Voyez Mainard , *liv.*
6. *ch.* 58. Catellan , *liv. 4. ch.* 41. Montho-
lon , Bougier & Carondas. On trouve au
Journal du Palais un Arrêt du 15 Juillet
1680. qui confirme une Donation faite à
condition , que si les enfans décedoient
avant tel âge , leur survenance ne donneroit point lieu à la révocation.

ARTICLE QUARANTE-CINQ^e.

De la Prescription en ce cas.

1. *Q*UE *l'Article est contraire à l'Opinion qu'on avoit ci-devant à l'égard des tiers détempteurs.*

2. *Qu'il est cependant conforme aux vrais principes de la matiere.*

3. *Usage du Parlement de Paris.*

4. *Jurisprudence du Parlement de Toulouse.*

5. *L'Article est contraire au sentiment de Ricard.*

Le Donataire, ſes Héritiers ou ayans cauſe, ou autres Détempteurs des choſes données ne pourront oppoſer la preſcription pour faire valoir la Donation révoquée par ſurvenance d'enfans, qu'après une poſſeſſion de trente années qui ne pourront commencer à courir que du jour de la naiſſance du dernier enfant du Donateur, même Poſthume, & ce ſans préjudice des interruptions telles que de droit.

1. EN comprenant dans le nombre des perſonnes qui ne peuvent preſcrire que par trente ans les détempteurs des choſes données, l'Article que nous conferons fait un changement dans les maximes qu'on s'étoit formées à cet égard : car les Auteurs étoient aſſez généralement d'accord que les tiers acquéreurs des biens donnés preſcrivoient contre le Donateur & ſes enfans par

la prescription de dix ans avec titre & bonne foi, & l'on ne voyoit point de raison particuliere pour étendre le tems de la prescription dans ce cas.

2. Il est cependant aisé de prouver que par cette disposition qui paroît d'abord singuliere, l'Ordonnance ne s'est point écartée des vrais principes, & qu'au contraire elle n'a fait que les confirmer ; car les tiers acquéreurs des biens compris dans la Donation qui par la suite est revoquée par survenance d'enfans, n'ont pas dû ignorer davantage que les créanciers du Donataire qu'il ne tenoit les biens qu'en vertu d'une Donation susceptible de révocation. Ainsi la Loi devoit être égale pour tous, & la cause des tiers détempteurs n'est pas plus favorable, ni leur ignorance plus excusable que celle des autres. Il ne faut donc pas dire, comme l'a fait un Auteur moderne, que l'Article soit contraire à la regle générale des prescriptions relativement aux Donations.

3. Au Parlement de Paris on distinguoit le Donataire & ses Héritiers, des tiers détempteurs. Pour les premiers la Jurisprudence exigeoit trente ans de possession pour prescrire & dix ou vingt ans pour les autres, Chopin & Ferriere sur la Coutume de Paris, & Ricard, *troisiéme Partie N.o 659.* par la raison que l'action personnelle contre

le Donataire & ses Héritiers dure 30 ans, & que celle contre un tiers acquéreur ne dure que dix ans *Article 113. de la Coutume de Paris.*

4. Le Parlement de Toulouse jugeoit in-distinctement qu'il falloit trente ans même pour les tiers acquéreurs, pour prescrire après la survenance d'enfans, & notre Article a préféré cette Jurisprudence.

5. L'Ordonnance en voulant que les trente années nécessaires à la prescription ne commençassent à courir que du jour de la naissance du dernier enfant, a réprouvé le sentiment de Ricard, *Partie troisième, n. 660.* qui vouloit que l'on commençât à compter du jour de la naissance du premier enfant, parce que c'étoit de ce jour-là que le pere pouvoit agir pour révendiquer les biens. Mais cet auteur n'avoit pas fait attention que la naissance de chaque enfant produit une nouvelle raison de révoquer la Donation ; & que d'ailleurs la révocation n'est pas en faveur du Donateur seul, mais en considération des enfans dont la survenance est l'unique motif de la Loi.

ARTICLE

ARTICLE QUARANTE-SIX.

Exception des Donations dont l'Ordonnance n'a pas entendu parler.

N'entendons comprendre dans les dispositions de la présente Ordonnance ce qui concerne les dons mutuels & autres Donations faites entre maris & femmes, autrement que par le contrat de mariage, ni pareillement les Donations faites par le pere de famille aux enfans, étant en sa puissance ; à l'égard de toutes lesquelles Donations il ne sera rien innové jusqu'à ce qu'il y ait été autrement par nous pourvû.

Z

ARTICLE QUARANTE-SEPT.

Voulons au surplus que la présente Ordonnance soit gardée & observée dans tout notre Royaume, Terres & Pays de notre obéissance, à compter du jour de la publication qui en sera faite; abrogeons toutes Ordonnances, Loix, Coutumes, Statuts & Usages différens, ou qui seroient contraires aux dispositions y contenues, sans néanmoins que les Donations faites avant ladite publication, puissent être attaquées sous prétexte qu'elles ne seroient pas conformes aux regles par Nous prescrites, notre intention étant qu'elles soient exécutées ainsi qu'elles auroient pû & dû l'être auparavant, & que les contestations nées & à naître sur leur exécution soient décidées suivant les Loix & la Jurisprudence qui ont eu lieu jusqu'à présent dans nos Cours à cet égard.

Renvois aux décisions de Ricard, qui ont été adoptées, rejettées, ou modifiées par l'Ordonnance des Donations.

TOME I. PREMIERE PARTIE.

I.

No. 123. L'ON doit ajouter à tout ce que dit Ricard, *section premiere, chap.* 3. L'Article 4. de l'Ordonnance des Donations. Il indique dans cette Section, la maniere dont il faut entendre que la Donation doit être faite entre-vifs : & prouve que ce n'est pas uniquement l'état de la santé du Donateur qui fait réputer une Donation à cause de mort ; c'est la vûe qu'il peut avoir eue de la mort ; il cite l'exemple d'une Donation faite par un homme qui entre en Religion, & décide qu'elle doit être réputée à cause de mort. Dans ce cas elle est nulle à toutes sortes d'égards ; puisque par l'Article 4. que nous venons de citer, toute Donation entre-vifs qui ne seroit valable en cette qualité, ne peut valoir comme Donation Testamentaire, de quelque formalité qu'elle soit revêtue.

II.

Nᵒ. 832. & suiv. Le même Auteur, *Section premiere*, *ch.* 4. pose d'abord pour principe qu'avant l'acceptation du Donataire, le Donateur peut révoquer la Donation, & que la Donation est imparfaite & révocable jusqu'à ce moment. Cette décision a été confirmée par les premieres dispositions de l'Article 5. de la même Ordonnance.

Nᵒ. 837. & suiv. Il décide en deuxiéme lieu, que l'acceptation doit être expresse, & ne se supplée point par équipollent. Cette décision a encore été confirmée par l'Article 6. qui veut que l'acceptation soit expresse. Sans que les Juges puissent avoir aucun égard aux circonstances dont on prétendroit une acceptation tacite ou présumée.

N. 840. Mais l'Ordonnance a rejetté l'avis de Ricard, lorsqu'il veut que si la Donation est signée par le Donataire, elle soit censée acceptée, quoique l'acceptation ait été omise ; ce qui est une contradiction à ce que le même Auteur avoit dit contre les équipollens. L'Ordonnance a tellement voulu que l'acceptation fût expresse, qu'elle prévoit le cas de la présence ou de la signature du Donataire, & ne veut pas que l'on les regarde comme des équivalens capables de fuppléer à une acceptation non exprimée, & ce (fuivant la fin de l'Article 6.) quand même le Donataire auroit été préfent à l'acte de Donation, & qu'il l'auroit figné, ou quand il feroit entré en poffeffion des chofes données.

I I I.

Nº. 843. L'acceptation eft fi effentielle fuivant le même Auteur, que l'Eglife ni les mineurs ne font relevés du défaut de cette claufe. C'eft auffi la difpofition de l'Article 14 de l'Ordonnance qui va encore plus loin, en difant : Sans qu'en aucun cas la Donation puiffe être confirmée fous prétexte de l'infolvabilité de ceux contre lefquels le recours des mineurs ou des Eglifes pourra être exercé. *Voyez la Conf. fur cet Art.*

I V.

Nº. 844. *& fuiv.* Il veut que la Donation ne foit pas valablement acceptée, fi elle ne l'eft par un mineur de vingt-cinq ans, attendu que cet acte, tout lucratif qu'il paroiffe, entraîne toujours des charges. L'Auteur eft dans le vrai principe, & l'Article 7 de l'Ordonnance a confirmé la décifion, en voulant que fi le Donataire eft mineur de 25 ans, ou interdit par autorité de

Juſtice, l'acceptation puiſſe être faite, (non par lui) mais pour lui, par ſon Tuteur ou ſon Curateur, ou par ſes pere & mere ou autres aſcendans, même du vivant du pere & de la mere.

N°. 852. *& ſuiv.* Le même Auteur blâmoit l'uſage par lequel les pere & mere ſans être créés Tuteurs de leurs enfans, pouvoient accepter pour eux des Donations; mais l'Ordonnance n'a eu aucun égard aux raiſonnemens de cet Auteur, & a confir-mé l'uſage ci-devant établi.

N°. 851. Ricard ajoute qu'il n'eſt pas né-ceſſaire que le Tuteur ſoit autoriſé par un avis de parens, & la fin de l'Article 7 eſt conforme à ſon avis, autoriſant l'accepta-tion ſans qu'il ſoit beſoin d'aucun avis de parens pour le rendre valable.

V.

N°. 847. *& ſuiv.* Le même Auteur cite un Arrêt qui a déclaré nulle une Donation acceptée par une femme mariée ſans l'auto-riſation de ſon mari. Il dit enſuite que la queſtion de ſçavoir ſi une femme peut faire valablement ces acceptations ſans autoriſa-tion, étoit de ſon tems fort problémati-que au Palais : mais tout ce qui précede & qui ſuit dans cet Auteur cette diſcuſſion prouve qu'il ne croit pas que la femme

mariée & le mineur puſſent ſeuls valablement accepter, d'autant qu'une Donation
eſt un acte ſinalagmatique qui entraîne des
obligations reſpectives, ce qui a été confirmé par l'Article 7 pour les mineurs, & par
l'Article 9. pour les femmes mariées,
ce dernier Article porte en termes formels
que les femmes mariées, même celles qui
ne ſeront pas communes enbiens, & qui
auront été ſéparées par Sentence ou Arrêt
ne pourront accepter aucune Donation
ſans être autoriſées de leur mari ou par Juſtice à ſon refus.

L'Article ajoute que le Légiſlateur n'en-
tend rien innover ſur ce point à l'égard des
Donations qui ſeroient faites à la femme
pour lui tenir lieu de bien paraphernal dans
les pays où elles peuvent en poſſéder de cette nature.

VI.

N°. 865. & ſuiv. Ricard examine ſi les
Notaires peuvent accepter valablement une
Donation pour le Donataire abſent, & décide après avoir dit q̄   le pouvoient chez
les Romains, qu'ils ne le pouvoient pas
parmi nous. C'eſt auſſi ce que porte l'Article 5. de l'Ordonnance qui défend aux Notaires d'accepter les Donations pour les
Donataires abſens, & ce à peine de nullité

de pareilles acceptations. Cette difposition doit avoir lieu même en Artois où l'on regardoit comme valables les acceptations faites par les Notaires pour les Donataires: l'Ordonnance déroge à toutes Loix & ufages contraires.

VII.

N°. 869. & *fuiv*. Après avoir prouvé la neceffité de l'acceptation en général, l'Auteur du Traité des Donations a propofé deux exceptions. 1°. A l'égard des Donations faites par contrat de mariage par les pere & mere à leurs enfans. 2°. A l'égard de celles faites à des enfans en dégré fubordonné : il difpenfe ces fortes de Donations de la néceffité de l'acceptation, & l'Ordonnance a adoptée fa décifion, art. 10. qui difpenfe de l'acceptation les Donations faites en contrat de mariage aux Conjoints ou à leurs enfans à naître, foit par les conjoints même, foit par les afcendans ou parens collatéraux, même par des étrangers ; lefquelles Donations ne pourront être attaquées ni déclarées nulles fous prétexte du défaut d'acceptation.

A l'égard de toutes les additions faites à Ricard par fon Annotateur, pour fçavoir la confiance que l'on peut y donner. *Voyez la Conférence des Donations, page* 47.

VIII.

N°. 873. Ricard remarque à l'occasion des dernieres Donations dont on vient de parler , que comme elles ne subsistent qu'en conséquence de la stipulation qui a été faite entre le Donateur & le premier Donataire , il lui est libre. de l'anéantir sans la participation du second Donataire qui n'a pas accepté , & que cette liberté dure jusqu'à ce que le droit lui ait été acquis.

Nous croyons avoir solidement réfuté cette opinion au *N°.* 4. & *suiv.* de notre Conférence sur l'Article 11. de l'Ordonnance des Donations.

IX.

N°. 878. & 879. Le même Auteur examine de quelle maniere doit être faite l'acceptation quand le Donataire est absent. il cite les anciennes Ordonnances. Mais comme l'on n'étoit pas d'accord sur la façon dont on devoit les suivre , ainsi que nous l'avons fait voir dans notre conférence , sur l'Article 5. de l'Ordonnance des Donations. L'Ordonnance nouvelle comprend dans ce même Article la façon dont en ce cas l'acceptation doit être faite , elle ne peut l'être que par le Procureur Géneral ou spécial du Donataire , dont la procuration demeurera annexée à la minutte de la Donation, & en cas qu'elle eût été acceptée par une perfonne qui eût déclaré fe porter fort pour le Donataire abfent, la Donation n'aura effet que du jour de la ratification expreffe que le Donataire en aura faite par un Acte paffé pardevant Notaires, duquel il reftera minutte. Ainfi voilà tous les doutes levés par ce moyen.

No. 881. & fuiv. Ricard veut en géneral que la Donation foit paffée devant Notaire, & qu'il en refte minute ; c'eft la difpofition de l'Article premier de la nouvelle Ordonnance, qui veut qu'il foit paffé des Actes pardevant Notaires de toutes Donations, & qu'il en refte minute, à peine de nullité.

Mais le même Auteur ajoute qu'il croit qu'une Donation paffée par un Notaire hors de fon Reffort feroit valable : Nous croyons avoir folidement refuté ce fentiment dans notre Conférence, fur l'Article premier, de la nouvelle Ordonnance.

No. 887. L'on ne doit pas s'attacher davantage à la décifion du même, qui veut qu'une Donation puiffe être faite d'abord fous feing-privé, & enfuite dépofée pour minutte chez un Notaire avant la derniere maladie du Donateur. Cette opinion eft non-feulement contraire à la nouvelle Or-

donnance , mais encore aux principes de
celui qui l'avance.

Il en est de même lorsqu'il dit que le Donateur seroit non-recevable à contester la
Donation si elle avoit été passée sous seing-
privé en présence du Donataire , si il l'avoit
signée.

N°. 890. Le même Auteur ajoute qu'une
Donation de choses mobiliaires peut se faire
sous seing-privé. Voyez ce que nous avons
dit à cet égard dans notre Conférence sur
l'Article premier de l'Ordonnance.

X I.

N°. 894. Ricard en vient aux pollicitations , & dit que lorsque le Donateur s'en
est tenu dans les termes des promesses , il
peut se rétracter ; mais dès qu'il a commencé
à exécuter, le public a une action contre lui.
Mais l'Article 5.& suivans de l'Ordonnance
ayant prescrits une acceptation expresse ,
& n'en ayant pas excepté les Mineurs ni
la cause pie , a sans contredit entendu y
comprendre les pollicitations qui ne méritent pas plus de faveur.

XII.

*N*o. 902. L'on trouve à la fin de la Section deuxiéme une notte par laquelle il est dit que Julius Clarus pense qu'une Donation qui n'est accompagnée d'aucune tradition de fait ni de droit est obligatoire, pourvû que le Donataire agisse avant la mort du Donateur.

Mais cette opinion est aussi contraire aux vrais principes de la matiere qu'elle le seroit à la nouvelle Ordonnance.

XIII.

*N*o. 963. Ricard, après avoir montré la nécessité de la tradition de fait ou de droit relativement aux immeubles, passe aux Donations des choses mobiliaires dont il n'y a pas tradition réelle., & veut qu'il en soit fait inventaire dans la Donation, ou un Acte qui soit joint à l'Acte ; c'est aussi la disposition de l'Article 15. de l'Ordonnance, qui porte que si la Donation renferme des meubles ou effets mobiliers dont elle ne contienne pas une tradition réelle, il en soit fait un état signé des Parties qui demeure annexé à la minute de la Donation, faute de quoi le Donateur ne pourra prétendre aucuns desdits meubles ou effets mobiliers, même contre le Donateur ou ses Héritiers.

L'Annotateur a ajouté un Arrêt qui a, dit-il, confirmé une Donation de meubles que le Donateur auroit, à son décès, & cite Aulanet pour son garand ; mais il est à présumer que cet Arrêt est rendu dans des circonstances bien singulieres ; car s'il avoit jugé la question toute nue, l'on ne pourroit s'empêcher de dire qu'il seroit contraire aux saines maximes : ce qui n'est pas à présumer.

XIV.

N°. 976. & suiv. L'Auteur du Traité des Donations, est entré dans une ample discussion des dispositions du Droit Romain, des Coutumes & de la Jurisprudence pour sçavoir si les Donations des biens présens & à venir pouvoient avoir lieu. Ne trouvant dans cette façon de raisonner, qu'obscurité & incertitude, il s'est décidé par les grands principes de la matiere, & a soutenu que les Donations de cette espéce ne pouvoient en général avoir lieu ; mais cependant que la faveur dûe aux Contrats de mariage rendoient ces Donations valables quand elles étoient faites dans de pareils Actes, c'est aussi le parti qu'a pris l'Ordonnance, *Art.* 15 *& suiv.*

XV.

N°. 1014. & *suiv*. Il agite encore une question subordonnée à celle-ci ; c'est de sça-voir à qui appartiendroit la somme ou l'effet dont le Donateur se seroit reservé la disposition. Il distingue les pays où la tra-dition est d'usage, & ceux où l'on ne la connoît pas ; mais l'Ordonnance n'a pas adopté cette distinction & en a fait une toute différente ; elle veut, *Article* 16. qu'en cas que le Donateur se soit réservé la liberté de disposer d'un effet compris dans la Donation, ou d'une somme fixe à pren-dre sur les biens donnés, que l'effet ou la somme ne puissent être censés compris dans la Donation, & qu'ils appartiennent aux Héritiers du Donateur, nonobstant toute stipulation contraire.

Et dans l'Article 18. le Législateur veut que si une pareille réserve a été mise en une Donation faite par contrat de mariage, & si le Donateur meurt sans en avoir disposé, l'effet ou la somme reservés appartienne au Donataire ou à ses Héritiers, & soit censé compris dans la Donation. Ces dis-positions doivent s'appliquer également aux décisions du même Auteur qui agite encore la premiere question, *n*. 739. & *suiv*. troi-sième *Partie*.

XVI.

N^o. *1020.* Il demande en outre fi la Donation étant faite des biens préfens & à venir, elle peut fe divifer & valoir pour les biens préfens ; l'Ordonnance qui n'a admis ces Donations que dans les contrats de mariage, laiffe au choix du Donataire, *Article 17.* de prendre les biens tels qu'ils fe trouveront au jour du décès du Donateur en payant toutes les dettes & charges même celles qui feroient poftérieures à la Donation, ou de s'en tenir aux biens qui exiftoient dans le tems qu'elle aura été faite, en payant feulement les dettes & charges exiftantes audit tems.

XVII.

N^o. *1027.* Ricard agite la queftion de fçavoir fi la Donation faite à la charge par le Donataire de payer les dettes que le Donateur laiffera lors de fa mort eft bonne, & fe décide pour la négative. En effet ce feroit donner & retenir fi ces Donations avoient lieu : il ne tiendroit toujours qu'à la volonté du Donataire de les rendre illufoires, ce qui eft contraire à l'effence même de la Donation dont la qualité caractériftique eft d'être irrévocable ; auffi l'Article 16. de l'Ordonnance, porte-t-il qué les Donations qui ne comprendront même que les biens préfens feront pareillement déclarées nulles, lorfqu'elles feront faites à condition de payer les dettes & charges de la fucceffion en tout ou partie, ou autres dettes & charges que celles qui exiftoient lors de la Donation ; même de payer la légitime aux enfans ; au-delà de ce dont le Donataire peut en être tenu de droit ; & cette difpofition doit être généralement obfervée à l'égard de toutes les Donations faites fous des conditions dont l'exécution dépend de la feule volonté du Donateur.

Par l'Article 18. la même Ordonnance autorife expreffément les Donations dont on vient de parler, lorfqu'elles font faites dans des Contrats de mariage par telles perfonnes que ce foit.

XVII.

N°. 1032. & *fuiv.* L'Auteur du Traité des Donations, qui aux nombres précédens, s'étoit décidé pour les vrais principes de la matiere, paroît s'en être abfolument écarté, lorfqu'il a dit plus bas, que la Donation faite à condition de remplir le Teftament étoit valable : il cite un Arrêt, pour autorifer cette opinion. Voyez ce que nous avons dit pour la refuter dans notre
Conférence

XIX.

N°. 1036. Il demande enfuite fi la Donation d'une fomme à prendre fur les biens du Donateur après fa mort eft valable : il fe décide pour l'affirmative ; mais il faut faire grande attention aux raifons qu'il apporte pour juftifier fon avis. Il nous femble qu'il n'y a dans ce cas qu'une diftinction à faire : Si la Donation étoit feulement d'une fomme à prendre en général fur les biens que laifferoit le Donateur après fa mort , la Donation ne feroit pas valable ; fi au contraire la Donation étoit d'une fomme fixe que le Donateur donnât actuellement , & pour raifon de laquelle il fe faifît , au *prorata* de fes biens , enforte que le droit en fût acquis au Donataire dès l'inftant de la Donation de laquelle il réfulteroit une hypotèque en fa faveur , la Donation feroit valable quoiqu'alors fon effet & fon exécution fuffent remis après la mort du Donateur ; car dans cette derniere efpece rien n'eft laiffé à fa volonté , il ne peut, de quelque façon que ce foit , diminuer ou retenir ce qu'il donne.

A a

X X

N°. 1085. & suiv. L'Auteur examine le principe des insinuations, & quelles Donations sont sujettes à cette formalité. Il prétend que les Donations rémunératoires & onéreuses, ne sont sujettes à insinuation que jusqu'à un certain point : mais l'Ordonnance des Donations, Article 19. & la Déclaration sur les insinuations, Article premier, n'exceptent uniquement de la nécessité de l'insinuation, que les Donations faites par contrat de mariage en ligne directe, & y assujettissent indistinctement toutes les autres, rémunératoires, onéreuses & même à charges de services & fondations. Ces dispositions sont exactement conformes au motif qui a fait établir la formalité de l'insinuation : Dès qu'un Particulier aliéne son bien à titre de Donation il est de la sûreté publique que tout le monde soit instruit de cette mutation de propriété, & l'insinuation peut seule la rendre suffisamment notoire. Voyez ce que nous avons dit à ce sujet sur les Articles 19. & 20. de l'Ordonnance des Donations.

Le même distingue les Donations faites en contrat de mariage, y assujettit les unes & en exempte les autres. Cette distinction pouvoit avoir d'autant moins lieu, même du tems de cet Auteur que les anciennes Ordonnnances affujettiffoient à l'infinuation les Donations faites par contrat de mariage ; les nouvelles portent les mêmes difpofitions & n'en exceptent uniquement que celles faites par ces Actes *en ligne directe.*

XXI.

L'Auteur prétend que les Donations pour titre Sacerdotal, ne font pas fujettes à l'infinuation. Voyez notre Conférence fur l'Article 20. *nomb. 10.* où l'on prouve que cette décifion ne peut plus avoir lieu.

XXII.

N°. 1147. Il agite encore la queftion de fçavoir fi les inftitutions contractuelles doivent être infinuées & fe décide pour l'affirmative ; l'on peut d'autant moins fe départir de cette décifion, que l'Article premier de la Déclaration fur les infinuation, veut que toutes Donations en quelque forte & maniere qu'elles foient faites, foient fujettes à cette formalité ; or, il eft conftant, comme le dit Ricard, que les inftitutions contractuelles participent beaucoup de la Donation entre-vifs , & d'ailleurs l'ufage eft de les infinuer, on doit donc s'y conformer.

A a ij

XXIII.

N°. 1151. Il passe à ce qui regarde l'insinuation des Donations des meubles ou d'effets mobiliers, & décide que c'étoit un usage constant de son tems, de ne point faire insinuer les Donations de cette espéce; l'Article 22. de l'Ordonnance des insinuations, & l'Article 7. de la Déclaration sur les insinuations les y assujettissent, quand il n'y a point de tradition réelle, & que la somme excéde mille livres : mais la peine de nullité n'a pas lieu en ce cas : le Donataire n'est assujetti qu'au payement du double droit.

XXIV.

N. 1168. & *suiv.* Ricard décide que les mineurs ne peuvent être restitués contre le défaut de l'insinuation, même en cas d'insolvabilité des Tuteurs ou Curateurs : c'est aussi la disposition textuelle de l'Article 32. de l'Ordonnance des Donations. La Flandre est cependant exceptée des dispositions de l'Ordonnance.

XXV.

N°. 1180. Le même Auteur n'excepte pas de la nécessité de l'insinuation les Donations pour causes pies ; il dit cependant qu'elles doivent être exemptées quand elles font modiques, mais cette diftinction ne peut plus avoir lieu depuis que les Ordonnances fur les Donations & les Teftamens, ont abrogé la faveur qu'on donnoit autrefois à ces Donations.

X X V I.

N°. *1082.* Il veut enfuite que les Actes de Donations foient redigés fur le Regiftre des infinuations. L'Article 24. de l'Ordonnance des Donations, & l'Article 2. de la Déclaration fur les infinuations, portent que l'Acte entier de la Donation fera tranfcrit, fi elle eft faite par un Acte féparé ; finon la partie de l'acte qui contiendra la Donation, fes charges & conditions fans en rien obmettre.

N°. *1183.* La Donation doit fans contredit être acceptée avant que d'être infinuée, fans quoi l'infinuation deviendroit illufoire puifqu'elle auroit été faite fur un Acte imparfait : enforte que fi elle étoit acceptée depuis l'infinuation, l'infinuation précédente ne pourroit nuire au tiers, qui auroit toujours pû regarder l'Acte comme nonvalable quoique infinué, attendu qu'il manquoit, lors de l'înfinuation, d'une partie intégrante, fans laquelle il n'eft point cenfé exifter de Donation.

A a iij

L'Auteur ajoute un principe bien important, c'eſt que l'inſinuation ne ſe ſupplée
point par équipollent, ni par préſomption ;
& ce principe doit être reçu dans toute ſa
rigueur, ſur-tout aujourd'hui que les Ordonnances preſcrivent l'inſinuation avec tant
de ſévérité.

XXVII.

N°. 1201. Ricard demande dans quelle
Juriſdiction l'inſinuation doit être faite ,
& ſi on peut la faire aux Greffes des Duchés–Pairies. L'Article 23. de l'Ordonnance des Donations , & l'Article premier
de la Déclaration ſur les inſinuations , ne
laiſſent point de doute ſur cette matiere; ils
veulent que dans tous les cas où l'inſinuation eſt néceſſaire , à peine de nullité ,
les Donations d'immeubles réels ou de ceux
qui ſont réputés tels , ſoient inſinuées aux
Greffes des Bailliages ou Sénéchauſſées
Royales ou autre Siége Royal reſſortiſſant
nuëment aux Parlemens , tant du Domicile du Donateur que du lieu dans leſquels
les biens donnés ſont ſitués & ont leur
aſſiéte , & à l'égard des choſes mobiliaires
qui n'ont point d'aſſiéte & qui ſuivent
la perſonne , l'inſinuation s'en fera ſeulement aux mêmes Juriſdictions du domicile du Donateur ; défenſes de faire aucunes

infinuations en d'autres Juftices Royales, ou dans des Juftices Seigneuriales, & en cas que le Donateur y ait fon domicile, ou que les biens donnés y fuffent fitués, l'infinuation doit être faite au Greffe du Siége qui a la connoiffance des cas Royaux dans le lieu du domicile du Donateur, ou de la fituation des biens, le tout à peine de nullité.

XXVIII.

N°. 1131. *& fuiv.* Le même Auteur établit pour principe que tout autre que le Donateur peut exciper du défaut d'infinuation, c'eft auffi la difpofition de l'Article 27. de l'Ordonnance des Donations, qui veut que le défaut d'infinuation des Donations qui y font fujettes, à peine de nullité, puiffe être oppofé, tant par les tiers Acquéreurs & Créanciers du Donateur que par fes Héritiers, Donataires poftérieurs ou Légataires ; & généralement par tous ceux qui y auront intérêt, autres que le Donateur, quand même il fe feroit chargé de faire faire l'infinuation, claufe qui eft déclarée nulle par l'Ordonnance.

XXIX.

N°. 1238. Il agite ensuite la question de sçavoir si les Héritiers du mari peuvent valablement opposer à la femme le défaut d'insinuation d'une Donation à elle faite par son mari, & décide en faveur de la femme; l'Article 30. de l'Ordonnance sur les Donations, a adopté cette décision & l'a même étendue, en disant que le mari ni ses Héritiers ou ayans cause ne pourront en aucuns cas, *& quand même il s'agiroit de Donation faite par d'autre que le mari*, opposer le défaut d'insinuation à la femme commune ou séparée, ou à ses Héritiers; si ce n'est que la Donation eût été faite à la femme, pour lui tenir lieu de bien paraphernal, & qu'elle en eût eu la libre jouissance & administration.

XXX.

N°. 1258. Après avoir rapporté les dispositions des Ordonnances pour le délai de l'insinuation qui doit être faite dans les quatre mois du jour du contrat pour les personnes demeurant dans le Royaume, & de six mois pour les autres; Ricard dit que la Donation peut être insinuée après ce délai; mais que l'insinuation alors n'a d'effet que du jour de sa datte. *L'Article*

26. de l'Ordonnance, adopte son opinion & a prévenu même dans le même Article nombre de difficultés, en disant que lorsque l'insinuation aura été faite dans les délais portés par les Ordonnances, même après le décès du Donateur ou du Donataire, la Donation aura son effet du jour de sa datte, à l'égard de toutes sortes de personnes, & qu'elle pourra même être insinuée après ce délai, même après le décès du Donataire, pourvû que le Donateur soit encore vivant ; mais qu'elle n'aura effet en ce cas que du jour de l'insinuation.

Il discute ensuite si le consentement du Donateur est nécessaire pour faire l'insinuation quand les délais des quatre mois sont passés. Il agite d'autres questions relatives au consentement ; mais aucune de ces difficultés ne peut s'élever aujourd'hui qu'il est bien reconnu que l'insinuation peut se faire en tous tems, indépendamment de la volonté du Donateur, & même sans mandat, ni de lui, ni du Donataire, elle se fait par le Porteur de l'Acte.

XXXI.

N°. 1274. Le même Auteur demande de quel jour court le délai pour l'infinuation dans le cas d'une Donation qui n'a pas été acceptée au moment qu'elle a été faite. Voyez ce que nous avons dit dans nos obfervations fur cette queftion fur l'Article 26. de l'Ordonnance, *nomb. 10. & fuiv.*

XXXII.

N°. 1275. Il paffe enfuite à la queftion de fçavoir fi la Donation non infinuée dans les quatre mois peut l'être après ce délai, lorfque le Donataire eft mort ; il cite un Arrêt & donne pour raifon de fa décifion, qu'un Acte ne peut fe divifer, & que comme il eft imparfait en foi, n'ayant point été infinué du vivant du Donataire nï pendant les quatre mois, il faudroit pour que la Donation valût, donner une feconde fois.

Voyez la réfutation de cette opinion dans notre Conférence fur l'Article 26. *n. 8.*

XXXIII.

N°. 1277. Le même veut que fi l'infinuation a été faite dans les quatre mois, elle ait un effet rétroactif, au jour du Contrat, au lieu que fi elle eft faite après les quatre mois elle n'a d'effet que du jour de fa datte : l'Article 26. de l'Ordonnance a adopté cette diftinction , en difant que lorfque l'infinuation aura été faite dans les délais portés par les Ordonnances , même après le décès du Donateur ou du Donataire la Donation aura fon effet du jour de fa datte , à l'égard de toutes fortes de perfonnes ; mais que fi les délais font paffés , elle n'aura effet que du jour de l'infinuation.

Troisiéme Partie du Traité des Donations & Testamens.

XXXIV.

N°. 562. & suiv. RIcard établit que la Loi *Si unquam*, c'est-à-dire, celle qui révoque les Donations par survenance d'enfans s'étend en France à toutes sortes de personnes. C'est ce que porte formellement l'Article 39. de l'Ordonnance nouvelle sur les Donations.

XXXV.

N°. 570. & suiv. Le même Auteur agite avec beaucoup d'étendue la question de sçavoir si la révocation par survenance a lieu quand le Donateur y aura renoncé expressément ; il cite des autorités pour & contre , & fait dépendre sa décision de conjectures toujours sujettes à inconvéniens. Mais l'Article 44. de notre Ordonnance a levé tous les doutes, & décide nettement que toute clause par laquelle le Donateur auroit renoncé à la révocation de la Donation par survenance d'enfans seroit déclarée comme nulle & ne pourroit produire aucun effet, & cette décision est d'autant plus juste que la révocation n'est pas faite en faveur du Donateur, mais de ses enfans de l'intérêt desquels les Loix ont voulu se charger sans égard à la volonté du pere. On suppose toujours qu'il est séduit par quelques impressions étrangeres, lorsqu'il prive ses enfans de son bien.

N°. 587. & suiv. Ricard demande si la Donation étant faite après le mariage du Donateur ou par son Contrat de mariage peut n'être pas sujette à la révocation par survenance d'enfans. Il a encore recours aux conjectures & aux présomptions : & l'Ordonnance décide que toute Donation faite par personnes qui n'avoient point d'enfans vivans lors de la Donation est révoquée par la survenance d'un enfant, même d'un Posthume, ainsi il ne peut plus avoir lieu au doute de Ricard à cet égard.

X X X V I.

N°. 599. & suiv. Il veut que les enfans bâtards qui existoient lors de la Donation & qui sont légitimés depuis par le mariage du Donateur avec leur mere donne lieu à la révocation, mais il excepte de cette faveur les Bâtards légitimés par lettre du Prince. L'Article 39. de l'Ordonnance, déja cité, a adopté le sentiment de Ricard dans toute son étendue, en disant que la Donation

demeureroit révoquée par la légitimation
d'un enfant naturel par un mariage subséquent & non par une autre forte de légitimation.

XXXVII.

N°. 603. & suiv. Le même examine
quelles fortes de Donations font comprifes
dans la révocation par furvenance d'enfans;
il décide contre celle qui paroiffoit la plus
favorable : C'eft-à-dire , la Donation faite
en contrat de mariage. L'Article 39. de
l'Ordonnance veut que toute Donation de
quelque valeur qu'elle puiffe être , & à
quel titre qu'elle ait été faite , encore
qu'elle fût mutuelle ou rémunératoire , même celles faites en faveur de mariage par
autres que par les conjoints ou les afcendans demeureront révoquées de plein droit.

XXXVIII.

N°. 627. & suiv. Il demande fi la Donation peut fubfifter malgré la furvenance
d'enfans , lorfque depuis la naiffance le Donateur a fait quelque Acte approbatif ou
confirmatif de la Donation : mais fans le
fuivre dans tous fes raifonnemens il fuffira
de dire que l'Article 43. de la nouvelle Ordonnance porte , que les Donations révoquées par furvenance d'enfans ne pourront

revivre & avoir de nouveau leur effet ni par la mort de l'enfant du Donateur, ni par aucun Acte confirmatif ; & que si le Donateur veut donner les mêmes biens au même Donataire, soit avant ou après la mort de l'enfant pour la naissance duquel la Donation avoit été révoquée, il ne pourra le faire que par une nouvelle disposition.

XXXIX.

N°. 633. & suiv. Il agite dans la section suivante la question de sçavoir si le Donateur ayant laissé mourir ses enfans sans agir contre le Donataire, il peut revendiquer les biens donnés. Cette question ne peut plus avoir lieu depuis l'Ordonnance qui porte que la révocation est opérée de plein droit par la survenance d'enfans, & que la Donation ne peut plus revivre que par une nouvelle disposition.

X L.

N°. 648. & suiv. Ricard examine quel tems dure l'action qui résulte de la révocation, & contre qui elle doit & peut être exercée, il décide que les engagemens & aliénation des choses données sont résolues par la révocation, & dégagées des dettes du Donataire, même des Droits de sa femme; mais il veut que, si le Donateur s'est obligé comme caution, les biens restent hypotéqués aux droits de sa femme. Cette distinction est plus subtile que solide & ne peut plus avoir lieu depuis que par l'Article 42. de l'Ordonnance des Donations, il est dit que les biens donnés rentreront dans le patrimoine du Donateur, libres de toutes charges, sans qu'ils puissent même demeurer subsidiairement affectés aux reprises & conventions matrimoniales de la femme, cela quand même la Donation auroit été faite dans le contrat de mariage du Donataire, & que le Donateur se feroit obligé comme caution à l'exécution du Contrat. Voyez, au reste ce que nous avons dit pour réfuter l'opinion de Ricard, *nomb. 10. & 11.* de notre Conférence, sur l'Article 42.

X L I.

N°. 659. & suiv. Il agite encore la question de sçavoir par quel tems se prescrit l'action qui résulte de la révocation par survenance d'enfans, il vouloit que la prescription commençât du jour de la naissance de premier enfant ; mais l'Ordonnance, Article 45. veut qu'elle ne commence à courir que du jour de la naissance

du

du dernier, même posthume. Voyez notre Conférence sur cet Article.

Il dit ensuite que le Donateur peut disposer à son gré des biens compris dans la Donation révoquée ; mais il ajoute qu'il ne faut pas souffrir qu'il en dispose à titre gratuit. L'Ordonnance n'a point adopté ce premier sentiment : au contraire toutes ses dispositions prouvent qu'elle a entendu qu'une Donation une fois révoquée par survenance d'enfans devoit être regardée comme si elle n'eût jamais existé.

XLII.

Ricard dit que si le Donateur s'est réservé par la Donation, la liberté de disposer d'un effet, cet effet n'appartient pas au Donataire quoique le Donateur n'ait point réduit en Acte sa liberté. Voyez la notte 15. ci-dessus *première Partie.*

XLIII.

La légitime est dans le Patrimoine des peres, une portion sacrée dont les Loix ne leur laissent pas la faculté de disposer au préjudice de leurs enfans. C'est pourquoi les biens dont ils ont disposé y sont sujets, lorsque ceux qu'ils ont laissé ne sont pas suffisans pour fournir la légitime ; pour parvenir à la liquidation de cette légitime l'on fait une maſſe des biens que le pere a laiſſé libres , de ceux dont il a diſpoſé , par ordonnance de derniere volonté , & par Donation entre-vifs , quand les premiers ne ſuffiſent pas l'on prend le ſupplément ſur les legs par contribution , & ſi ceux - là ne ſont pas ſuffiſans , l'on prend le ſupplément ſur la derniere Donation , enſuite ſur l'avant derniere , & ainſi en rétrogradant ; enſorte que l'on épuiſe les dernieres avant de toucher aux précédentes, à la difference des legs qui ayant tous la même époque & le même titre , contribuent également & à proportion, au lieu qu'y ayant entre les Donations une priorité , le Donateur n'ayant pas pû donner atteinte aux premieres, en donnant de nouveau; les dernieres ſont celles que l'on regarde comme ayant entamé la légitime, & que l'on épuiſe en entier avant de toucher à celles qui les précédent.

No. 1071. & ſuiv. Ricard dévelope les principes de la matiere avec la clarté & la ſolidité qui lui ſont ordinaires ; il decide que les dots , même celles fournies en argent, ſont ſujettes aux retranchemens pour la légitime des enfans, à quelques perſonnes qu'elles ayent été faites ; l'Art. 34. de l'Ordonnance a adopté ſes principes, & ceux que nous avons fait précéder l'opinion de Ricard, il a encore adopté les décisions de ce même Auteur, en disant que si l'un ou plusieurs des Donataires étoient du nombre des enfans du Donateur qui auroient eu droit de demander la légitime sans la Donation qui leur a été faite, ils retiendroient les biens à eux donnés jusqu'à concurrence de la valeur de leur légitime, & qu'ils ne seront tenus de la légitime des autres que pour l'excédent.

Quant à la façon d'interpreter la fin de cet Article, dans les Coutumes d'égalité parfaite. Voyez ce que nous avons dit, *n.* 12. de notre Conférence, sur l'Article 34.

XLIV.

No. 1118. Le même Auteur agite la question de sçavoir si la Dot de la fille qui a renoncé à la succession par son contrat de mariage, est sujette au retranchement de la légitime, il décide pour la négative. Voyez notre Conférence sur l'Article 35. *n.* 4. où l'on réfute cette opinion, qui d'ailleurs est directement contraire à ce qu'on vient de citer.

XLV.

No. 1533. *& suiv.* Il soutient que la Donation des biens présens & à venir n'est pas divisible, & que le Donataire ne peut s'en tenir aux biens presens lors de la Donation. Mais l'Article 17. de l'Ordonnance a formellement condamné cette opinion, en laissant au Donataire toute liberté à cet égard.

F I N.

APPROBATION.

J'Ai lû par ordre de Monſeigneur le Chancelier la Preꝛ
miere Partie de la *Conference des Ordonnances Nou-*
velles concernant les Donations , les Teſtamens & les Sub-
ſtitutions , avec le Droit Romain les anciennes Ordonnan-
ces , la Juriſprudence des Parlemens & le Sentiment des
Auteurs ; ſuivie d'Obſervations ſur l'Eſprit & la lettre de
chaque Article. Pluſieurs Ouvrages qui ont déja paru ſur le
même ſujet , n'empêchent pas que celui-ci ne ſoit utile ;
l'Auteur s'étant appliqué entre autres choſes à combattre des
opinions qu'il a cru fauſſes ou hazardées dans les Traités ci-
devant imprimés ſur la même matiere. A Paris ce 3 Septembre mil ſept cent cinquante-deux.   TERRASSON.

PRIVILEGE DU ROI.

LOUIS, PAR LA GRACE DE DIEU ROI DE FRANCE ET
DE NAVARRE : A nos amés & féaux Conſeillers les Gens
tenant nos Cours de Parlement , Maîtres des Requêtes ordinaires de notre Hôtel, Grand-Conſeil, Prevôt de Paris , Bail-
lifs , Sénéchaux , leurs Lieutenants Civils, & autres nos Juſ-
ticiers qu'il appartiendra : SALUT , notre bien amé CLAUDE-
JEAN-BAPTISTE BAUCHE, Fils , Libraire à Paris , Nous a fait
expoſer qu'il déſire roit faire imprimer & donner au Public
des Ouvrages qui ont pour titre, CONFERENCE SUR LES OR-
DONNANCES DES DONATIONS ENTRE-VIFS, DES TESTAMENS
ET DES SUBSTITUTIONS ; *Mémoires Hiſtoriques contenant ce*
qui s'eſt paſſé depuis 1687 juſqu'à préſent dans une grande par-
tie du grand Continent de l'Amérique, nommée la Province de
la Louiſiane; L'Eſprit des Beaux Arts , ou Hiſtoire raiſonnée
du Goût. s'il nous plaiſoit lui accorder nos Lettres de Privilége ſur ce néceſſaires ; A CES CAUSES voulant favorable-
ment traiter l'Expoſant, Nous lui avons permis & permet-
tons par ces Préſentes , de faire imprimer leſdits Ouvrages
autant de fois que bon lui ſemblera , & de les vendre , faire
vendre , & débiter par tout notre Royaume pendant le tems
de ſix années conſécutives , à compter du jour de la date des
Préſentes ; Faiſons défenſes à tous Imprimeurs, Libraires
& autres perſonnes de quelque qualité & conditions qu'elles
ſoient , d'en introduire d'impreſſion étrangére dans aucun
lieu de notre obéiſſance ; comme auſſi d'imprimer , ou faire

Imprimer, vendre, faire vendre, débiter, ni contrefaire
lesdits Ouvrages, ni d'en faire aucuns Extraits sous quelque
prétexte que ce soit d'augmentation, correction, changement, ou autres, sans la permission expresse & par écrit
dudit Exposant ou de ceux qui auront droit de lui, à peine de
confiscation des Exemplaires contrefaits, de trois mille livres
d'amende contre chacun des contrevenans dont un tiers à
Nous, un tiers à l'Hôtel-Dieu de Paris, & l'autre tiers audit
Exposant, ou à celui qui aura droit de lui, & de tous dépens,
dommages & intérêts : à la charge que ces Présentes seront
enregistrées tout-au-long sur les Regiftres de la Communauté des Libraires & Imprimeurs de Paris, & ce dans trois
mois de la date d'icelles ; que l'impression desdits Ouvrages
sera faite dans notre Royaume, & non ailleurs ; en bon papier & beau caractere, conformément à la feuille imprimée
attachée pour modele sous le contre-scel, que l'Impétrant
se conformera en tout aux Réglemens de la Librairie, notamment à celui du 10 Avril 1725. qu'avant de les exposer
en vente, les Manuscrits qui auront servi de Copie à l'impression desdits Ouvrages seront remis dans le même état où
l'Approbation y aura été donnée, ès mains denotre très-
cher & féal Chevalier Chancelier de France le sieur de la
Moignon, & qu'il en sera ensuite remis deux Exemplaires
dans notre Bibliothéque publique, un dans celle de notre
Château du Louvre, & dans celle de notredit très-cher &
féal Chevalier Chancelier de France, le sieur de la Moignon,
& un dans celle de notre très-cher & feal Chevalier Garde
des Sceaux le sieur de Machault, Commandeur de nos Ordres: le tout à peine de nullité des Présentes. Du contenu
desquelles vous mandons & enjoignons de faire jouir l'Exposant ou ses ayant cause, pleinement & paisiblement, sans
souffrir qu'il leur soit fait aucun trouble ou empêchement.
Voulons que la Copie desdites Présentes, qui sera imprimée
tout au long au commencement ou à la fin desdits Ouvrages
soit tenue pour dûment signifiée ; & qu'aux copies collation-
nées par un de nos amés & féaux Conseillers-Sécrétaires, foi
soit ajoûtée comme à l'original. Commandons au Premier
notre Huissier ou Sergent de faire pour l'exécution d'icelles
tous Actes requis & nécessaires, sans demander autre permission, & nonobstant clameur de Haro, Chartre Norman-
de, & Lettres à ce contraires: C A R tel est notre plaisir.
D O N N E' à Versailles, le trentiéme jour du mois de Décem-

ère, l'an de grâce mil sept cent cinquante-deux, & de nôtre Régne le trente-huitiéme. Par le Roi en son Conseil, SAISON.

Regiſtré ſur le Regiſtre de la Communauté des Libraires & Imprimeurs de Paris, Nº. 103. Fol. 77. conformément aux anciens Reglemens confirmés par celui du 28 Février 1723. A Paris, ce 12 Mars 1753.

J. HERISSANT, Adjoint.

De l'Imprimerie de D'HOURY, Fils. 1753.